大谷哲夫＝編

道元一日一言

自己を練磨する言葉

致知出版社

まえがき

道元の言葉は、それに巡り合った、その人の因縁応時応節によって、その人の心を強くとらえて離さないものがある。

それは、道元が当時の日本仏教が内包していた問題の解決のために、一三世紀の初頭、「正師《しょうし》を得ざれば学ばざるにしかず」という、烈《はげ》しくもあくなき求道《ぐどう》心をもって入宋し、正に正師を得て、その正伝《しょうでん》の仏法を確実に嗣続《しぞく》したからである。

宝慶元年（一二二五）五月一日、中国浙江省《せっこうしょう》の天童山景徳寺において、道元は後に本師となる天童《てんどう》山第三一代住持、天童如浄《にょじょう》（一一六三―一二二八）に相見した。時に、如浄六三歳、道元二六歳。三百年来不出世の古仏と称された禅匠と、仏道を究めんとする情熱の燃えたぎった若き求道者道元との歴史的相見である。後に、道元は、この師との邂逅《かいこう》を「われ、人にあうなり」と感慨を込めて表現している。

求めてやまなかった正師に巡り合い、以後、道元は自分自身の全てを投げ捨て、その膝《しっ》下《か》で徹底した打坐《たざ》のうちに「身心脱落」し、一生の大事を了畢《りょうひつ》する。道元は、如浄が完璧に保持していた正伝の仏法を、一器《いっき》の水を一器に移すように一滴も余すことなく、自身の皮膚の毛穴から染み込ませ、肉に骨にさらに髄に浸透させ、全身の血の流れとした。後年、それが、道元の主著である『正法眼蔵《しょうぼうげんぞう》』（九五巻）となり、さらに語録『永平広録《えいへいこうろく》』（十巻）等々となって展開されることになる。

道元の後半生の行実《こうじつ》は、同時代の仏者の行動の範疇《はんちゅう》とは異なり、永平寺における「山《さん》居《ご》」（人里離れた静寂なる山林の修行道場での生活）において如実に清貧《せいひん》に発揮され展開された。道元は、釈尊から本師如浄に単伝された「正伝の仏法」を嗣続するため、国家権力に一切迎合せず、権勢に近よらず、自己を徹底的に律し、一日一日の行持《ぎょうじ》を決して忽《ゆるが》せにしない峻厳《しゅんげん》な「山居」のなかでの只管打坐《しかんたざ》の生涯を通して、一箇半箇の接得《せっとく》にあたり、真摯に慈悲あふれる説法をし、正伝の仏法を具現化し続けた。それは、道元が、その仏法を、明得（明らかにさとり得たもの）、説得（言葉をもって十分に説きうるもの）、信得（疑いなく全てを信じ得る)、行得(それを全て行じ得る)と明確に表現したが、それは仏法の真実を完璧に体得しその実際を行動で実践したことを示している。

道元の仏法は、およそ八百年という歳月、ただ単に禅修行者だけではなく、万人の心に絶えることなく生きてきた。それは、道元の正伝の仏法を伝える言葉の数々が、「愛語《あいご》をきくは、肝に銘じ魂に銘ず」という徹底した衆生済度《しゅじょうさいど》の「愛語」という言葉の真実の深部に基づいているからである。道元の言葉にはその深意を窮《きわ》めつくした真実がある。言葉が文字として表現されない間は、自身の思索が判然としていない。言葉による確実なる表現があって、その言葉によってその行動が確実な真実となる。真実によって裏打ちされた言葉が行動となって行持される。道元の生き方とその仏法が、時代をこえ宗派をこえて今なお私たちに訴える力をもっているのはそのためである。

道元の言葉は彫琢《ちょうたく》された無駄のない言葉である。時には詩的ですらあって美しい。その言葉を直訳したのでは、道元の真意を伝えるのは難しい、かといって意訳的に訳せばその本意が飛ぶ、ではどうすればよいか。それは道元の言葉を現代語に置き換えても、道元の原意に近づく余韻を残すものでなければ意味をなさない。

本書にとり上げたのは、道元の膨大な言葉のうちのごく一部にすぎず、それもあえて恣《し》意《い》的に選んだものではないので、そうした道元の真意を踏まえて、このシリーズの目的に契《かな》うように纏《まと》められたか否《いな》かは忸怩《じくじ》たる思いがある。少しでも、道元の原意を損なうことのない「一日一言」となり、道元に近づく機縁ともなれば幸甚《こうじん》と心から願うばかりである。

本書の出版には、初対面の時から、あたかも旧知の仲のような親しみを抱かせていただいた致知出版社社長の藤尾秀昭氏の、道元に対する深い理解と強いご慫慂《しょうよう》がなければ決して実現せず、またその意をきちんと受け止め真摯に編輯《へんしゅう》にあたった小森俊司氏が必死にその体裁を整えてくれるなど、致知出版社の皆さまのご協力がなければ出版に至らなかったことを思い心より御礼申し上げる次第です。

令和二年三月吉日

大谷　哲夫　合掌

〈凡例〉

一、底本には、原則として、『道元禅師全集』大久保道舟・編（筑摩書房）ならびに『曹洞宗全書』（曹洞宗全書刊行会）を使用した。但し、『正法眼蔵』は衛藤即応・校注（岩波文庫）を『永平広録』は大谷哲夫・訓注（大蔵出版）を中心に用いた。

一、出典の後には、巻名・巻数等を明記した。

一、原文の書き下し文は、読みやすいように書き改めた部分がある。

一、原文の書き下し文、訳とも、原則として当用漢字、現代仮名遣いにし、難字には、ふりがなをつけた。

【注】『正法眼蔵』九五巻。道元・撰。「正法眼蔵」という題名は、釈尊の仏法を、達磨が中国に伝え、六祖慧能（六三八―七一三）を経て天童如浄（一一六三～一二二八）に至り、さらに道元に伝えられた仏法の根本的真実の意味である。道元はそれを正伝の仏法として、当時では極めて珍しい和漢混淆文をもって起草し、只管打座の精神に基づき修証一等と展開し示衆したものである。

『永平広録』…十巻。道元一代の説法を上堂《じょうどう》（法堂上での正式な説法）小参・法語・偈頌・頌古に分け門人たちが編集したもの。『正法眼蔵』が和文で書れているのにたいして『永平広録』は漢文で記録されているものである。道元の趣旨は『正法眼蔵』と『永平広録』に厳格に懇切丁寧に述べられている。

『正法眼蔵随聞記』六巻。孤雲懐奘・編。道元が嘉禎年中（一二三五―一二三八）のほぼ三年間、弟子達に折に触れて説示した教えを、弟子の懐奘（一一九八―一二八〇）が平易な和文で記録したもの。従来は面山瑞方（一六八三―一七六九）の校訂本が使われたが、現代は、『長円寺』が主流となっている。

1月

春は花　夏ほととぎす　秋は月
冬雪さえて　冷しかりけり

1日 修《しゅ》せざるにはあらわれず

この法は、人々《にんにん》の分上《ぶんじょう》にゆたかにそなわれりといえども、いまだ修《しゅ》せざるにはあらわれず、証《しょう》せざるにはうることなし。

『正法眼蔵』「弁道話」

【訳】この法、つまり、真実の仏法の体験(自受用三昧《じじゆうざんまい》)を我が身に絶対の真実として現す資質は、もともと生まれながらに各人自身に豊かに具《そな》わっているのだが、端坐《たんざ》参禅《さんぜん》し、修行しなければ現れてこないし、それを体認し実証し身につけなければ自分のものとはならない。

2日 はなてばてにみてり

はなてばてにみてり、一多のきはならんや。かたればくちにみつ、縦横《じゅうおう》きわまりなし。

『正法眼蔵』「弁道話」

【訳】だが、端坐参禅《たんざさんぜん》し仏法の究極の境地を開発し、これを自分のものとすれば、多少などという分量を超えて世界のありとあらゆるものがわが掌にあふれて、その数をしらず、また、その境地を語ろうとすれば、その内容が口一杯にあふれて縦横無尽《じゅうおうむじん》に説くこと際限のない状態となる。

3日 諸法の仏法なる時節

諸法の仏法なる時節、すなわち迷悟《めいご》あり、修行あり、生《しょう》あり、死あり、諸仏あり、衆《しゅ》生《じょう》あり。

『正法眼蔵』「現成公案」

【訳】ありとあらゆるものごとが、みな仏の教えとして行じられる時、相反することが真実の現れとなる。すなわち、そこには、迷《めい》と悟《ご》があり、さとりへの修行があり、生《しょう》があり、死があり、諸仏あり、衆生《しゅじょう》（人々）ありという厳然とした事実が現出する。

4日 仏道もとより豊倹《ほうけん》より跳出《ちょうしゅつ》せるゆえに

仏道もとより豊倹《ほうけん》より跳出《ちょうしゅつ》せるゆえに、生滅《しょうめつ》あり、迷悟《めいご》あり、生仏《しょうぶつ》あり。しかもかくのごとくなりといえども、華は愛惜《あいじゃく》にちり、草は棄嫌《きけん》におうるのみなり

『正法眼蔵』「現成公案」

【訳】仏道は、もともと貧・富、貴《き》・賤《せん》、智《ち》・愚《ぐ》といった比較や区別の常軌を超えたものであるから、ありのままに生滅があり、迷《めい》悟《ご》のない迷悟があり、衆生《しゅじょう》も仏もない衆生も仏もある。が、仏道は、そうであっても、花は惜しまれながら散り、草は嫌がられても繁り生えるのが人の世の真の事実である。

5日 自己をはこびて万法を修証《しゅしょう》する

自己をはこびて万法を修証《しゅしょう》するを迷《まよい》とす、万法すすみて自己を修証するはさとりなり。

『正法眼蔵』「現成公案」

【訳】自分自身の分別知で、一切の悉《ことごと》くの存在を推し量《はか》り修行し悟るとするのが迷いである。一切の存在の悉くが我が前にその全貌を現し修行即証悟と明証するのがさとりである。

6日 仏道をならう

仏道をならうというは、自己をならうなり。自己をならうというは、自己をわするるなり。自己をわするるというは、万法に証せらるるなり。

『正法眼蔵』「現成公案」

【訳】仏道を学ぶというのは、真実の自分を明らかにすることである。真実の自分を明らかにするとは、自己を忘れることである。自己を忘れるとは、自分にとらわれた自分は本来なかったということを覚《さと》ることである。自己を完全に忘れると、万法が真実の自分であることがつまり、自他の枠組みの執着がなくなったことが明らかとなる。

7日　万法に証せらる

　万法に証せらるるというは、自己の身心および他己《たこ》の身心をして脱落《だつらく》せしむるなり。悟迹《ごしゃく》の休歇《きゅうけつ》なるあり、休歇なる悟迹を長《ちょう》長出《ちょうしゅつ》ならしむ。

『正法眼蔵』「現成公案」

【訳】一切の存在に明らかに証されるということは、自他という区別・差別・対立の枠組みの執着の全てを脱落《だつらく》すること、つまり身心脱落することである。だが、その安《あん》心《じん》に安住するとさとりの痕跡（悟迹《ごしゃく》）が残る。故にそこに安住せず、証上の修（さとりえた上の修行）としての修行を続けねばならぬ。

8日　たき木、はいとなる

　たき木、はいとなる、さらにかえりてたき木はいとなるべきにあらず。しかあるを、灰はのち、薪《たきぎ》はさきと見取《けんしゅ》すべからず。しるべし、薪は薪の法位《ほうい》に住して、さきあり、のちあり。前後ありといえども、前後際断せり。

『正法眼蔵』「現成公案」

【訳】薪《たきぎ》は灰となる。が、逆に灰は薪にはならない。それを、灰は後、薪は先などと見てはならない。薪は薪としてのありようで先があり後がある。前後はあるが、その前後は断ち切れている。と、知らねばならぬ。

9日 生《しょう》も一時のくらいなり

灰は灰の法位にありて、後あり、先あり。かの薪《たきぎ》、はいとなりぬるのち、さらに薪とならざるがごとく、人のしぬるのち、さらに生《しょう》とならず。しかあるを、生の死になるといわざるは、仏法のさだまれるならいなり、このゆえに不生《ふしょう》という。死の生にならざる、法輪《ほうりん》のさだまれる仏転《ぶってん》なり、このゆえに不滅という。

生も一時のくらいなり、死も一時のくらいなり。たとえば冬と春とのごとし。冬の春となるとおもわず、春の夏となるといわぬなり。

『正法眼蔵』「現成公案」

【訳】灰は灰として存在し先後がある。薪《たきぎ》は灰となって、さらに薪とならないように、人は死んだ後にもう一度生き返ることはない。ではあるが、生《しょう》が死になると言わないのが仏法の決まった慣わしであり、ゆえに「不生《ふしょう》」という。死が生にならないとするのも、仏の説法である。ゆえに不滅という。

生は一時的なありようであり、死もまた一時のありようである。たとえば、冬と春のようなもので、冬が春になると思わず、春が夏になるとも言わないではないか。

10日 霧の中を行けば、覚えざるに衣《ころも》しめる

古人曰《いわ》く「霧の中を行けば、覚えざるに衣《ころも》しめる」と。よき人に近づけば、覚えざるによき人となる也。『正法眼蔵随聞記』巻五

【訳】古人は「霧の中を歩けば、自然に衣が湿《しめ》る」と言ったが、優れた人物に親しんでいると、自分もいつの間にか優れた人になるのである。

11日 すなわち慕古《もこ》の意旨《いし》あるなり

古経《こきょう》をしり古書をよむがごときは、すなわち慕古《もこ》の意旨《いし》あるなり、慕古のこころあれば、古経きたり、現前するなり。

『正法眼蔵』「行持・下」

【訳】古経《こきょう》を知り古書を読むということは、古《いにしえ》を慕《した》う気持ちがあるからである。その古を慕う気持ちがあれば、古経みずからが眼前に現れてくるのである。

12日 愛語《あいご》というは

愛語《あいご》というは、衆生《しゅじょう》をみるにまず慈愛の心をおこし、顧愛《こあい》の言語をほどこすなり。おおよそ暴悪の言語なきなり。世俗には安否《あんぴ》をとう礼儀あり、仏道には珍重《ちんちょう》のことばあり、不審《ふしん》の孝行あり。慈念衆生《じねんしゅじょう》、猶如《ゆうにょ》赤子《しゃくし》のおもいをたくわえて言語するは愛語なり。

『正法眼蔵』「菩提薩埵四摂法」

【訳】「愛語《あいご》」というのは、人々に対してまず慈愛の心をおこし、心から愛《いと》しいという思いをこめた言葉を使うのである。およそ荒々しい言葉を慎《つつし》むことである。世間には安否《あんぴ》を問うという礼儀がある。仏道には、珍重《ちんちょう》（お大事に）という自重自愛の言葉があり、また不審《ふしん》（ご機嫌いかがでございますか）と問う挨拶がある。「衆生《しゅじょう》を慈しみ念ずることあたかも赤子のごとし」というが、まさにそのような思いを内にこめて言葉を使う、それが愛語である。

13日 むかいて愛語《あいご》をきくは

むかいて愛語《あいご》をきくは、おもてをよろこばしめ、こころをたのしくす。むかわずして愛語をきくは、肝に銘じ、魂に銘ず。

『正法眼蔵』「菩提薩埵四摂法」

【訳】面と向かって愛話《あいご》を聞けば、自然と顔に喜びがあふれ、心も楽しくなる。また、面と向かわずに人づてに愛語を聞くと、それは肝に銘じ、魂が揺さぶられる。

14日 愛語《あいご》よく廻天《かいてん》のちから

しるべし、愛語《あいご》は愛心よりおこる、愛心は慈心を種子《しゅじ》とせり。愛語よく廻天《かいてん》のちからあることを学すべきなり、ただ能を賞するのみにあらず。

『正法眼蔵』「菩提薩埵四摂法」

【訳】よく知るべきである。愛語《あいご》は愛心よりおこるものであり、愛心はまた慈しみの心を種としているのである。まことに、愛語こそが天下の形勢をすら変えてしまうほどの力があることを学ばねばならない。ただ相手の能力を賞《ほ》めるのが愛語ではない。

15日 利行《りぎょう》は一法なり

愚人おもわくは、利他《りた》をさきとせば、みずからが利はぶかれぬべしと。しかにはあらざるなり。利行《りぎょう》は一法なり、あまねく自他を利するなり。

『正法眼蔵』「菩提薩埵四摂法」

【訳】世の愚かなる人々は、「他人の利益を先とすれば、自分の利益がなくなる」と思っている。だが、事実はそうではない。「利行《りぎょう》」とは自分をむなしくして他の利益をはかる行為であるから、自利も他利も一つになったものである。あまねく自分にも他人にも利益するのである。

16日 布施《ふせ》というは

布施《ふせ》というは、不貪《ふとん》なり。不貪というは、むさぼらざるなり。むさぼらずというは、よのなかにいうへつらわざるなり。

『正法眼蔵』「菩提薩埵四摂法」

【訳】「布施《ふせ》」というのは不貪《ふとん》のことであり、不貪とは施者も受者もむさぼらないことである。むさぼらないというのは、世の中にいう諂《へつら》い、つまり全てに執着の心を持たないことである。

17日 同事というは

同事というは、不違なり。自にも不違なり、他にも不違なり。たとえば、人間の如《にょ》来《らい》は人間に同ぜるがごとし。人界《にんがい》に同ずるをもてしりぬ、同余界なるべし。同事をしるとき、自他一如《いちにょ》なり。

『正法眼蔵』「菩提薩埵四摂法」

【訳】「同事」というのは、不違つまり違《たが》わずそむかないということである。自分にも他人にもである。たとえば、人間界に出現された如来《にょらい》は、人間界の人々にそむいたことがないようなものである。人間界にあって人間界に同じたのであるから、如来はまた他の世界にあれば、その世界に同じたことが知られる。つまり、同事ということは、自も他もまったく一如《いちにょ》であることを知ることである。

18日 これ同事の習学なり

琴詩酒は、人をともとし、天をともとし、神をともとす。人は琴詩酒をともとす。琴詩酒は琴詩酒をともとし、人は人をともとし、天は天をともとし、神は神をともとすることわりあり。これ同事の習学なり。

『正法眼蔵』「菩提薩埵四摂法」

【訳】昔から琴・詩・酒は、人・天・神を友とするという。人が琴・詩・酒を友とすれば、琴・詩・酒は琴・詩・酒を友とし、人は人を友とし、天は天を友とし、神は神を友とする道理がある。これこそが同事の学び方である。

19日 利他《りた》の行も自行の道も

利他《りた》の行も自行の道も、劣《れつ》なるをすてて、すぐれたるを取るは、大士《だいし》の善行也。

『正法眼蔵随聞記』巻六

【訳】他人のためにする行為も、自分のためにする修行も、劣っている方を棄《す》てて、勝れたる方をとるのが大士《だいし》、つまり菩薩《ぼさつ》(大士)の善行《ぜんぎょう》である。

20日 人身《にんしん》得ること難し

人身《にんしん》得ること難し、仏法値《あ》うこと稀《まれ》なり。

『正法眼蔵』「帰依三宝」

【訳】この人身をうることは、なかなかに難しく、仏法にあうことはさらに極めて難しく稀《まれ》なことである。

21日 いわゆる経巻《きょうかん》は、尽十方界《じんじっぽうかい》これなり

いわゆる経巻《きょうかん》は、尽十方界《じんじっぽうかい》これなり。経巻にあらざる時処なし。

『正法眼蔵』「仏経」

【訳】いわゆる経巻《きょうかん》というのは、ありとあらゆる世界のことごとくがそれであり、いかなる時もいかなる場所も経巻である。

【注】尽十方界…東・西・南・北・艮（北東）・巽《たつみ》（南東）・坤（南西）・乾《いぬい》（北西）・上・下の十方の世界の表面・裏面・縦・横のすべてがひとしく全世界をつくしていること。道元はそのどの部分をとっても真実のそのものが現成（実現）していると主張している。

22日 人々皆食分《みなじきぶん》あり、命分《みょうぶん》あり

学道《がくどう》の人、衣食《えじき》を貪《むさぼ》ることなかれ。人々皆食分《みなじきぶん》あり、命分《みょうぶん》あり。非分《ひぶん》の食命《じきみょう》を求むとも来《きた》るべからず。

『正法眼蔵随聞記』巻一

【訳】仏道を学ぶ人、衣服や食べ物をむやみに貪《むさぼ》ってはならない。人には、その人の一生の間の食分《じきぶん》が決まっている。寿命《じゅみょう》もそうである。その人の分を越えた食や寿命を望んでも得られるものではない。

23日 言《ことば》を出《いだ》さんとせん時は

学道《がくどう》の人、言《ことば》を出《いだ》さんとせん時は、三度《みたび》顧《かえりみ》て、自利々他《じりりた》の為に、利あるべければ、是《これ》を言うべし。利なからん時は、止《やむ》べし。

『正法眼蔵随聞記』巻一

【訳】仏道を学ぶ人は、何か言おうとする時は、三度《みたび》深く考えて、自分のためにも相手のためにもなるようならば言ってもよいが、何にもならないなら言わぬがよい。

24日　参師聞法《さんしもんぼう》の時、能々窮《よくよくきわ》めて聞き

学道《がくどう》の人、参師聞法《さんしもんぼう》の時、能々窮《よくよくきわ》めて聞き、重《かさね》て聞いて決定《けつじょう》すべし。問うべきを問わず、言うべきを言わずして過《すぐ》しなば、我《わが》損なるべし。

『正法眼蔵随聞記』巻一

【訳】仏道を学ぶ人は、師匠に参じて法を聞く時は、よくよく考えて聞き、何度も徹底的に重ねて聞いて、心に疑念が残らないようにせよ。尋ねることを尋ねず、言うべきことを言わずに過ごしたなら、それは自らの損失である。

25日　道は無窮《むきゅう》なり

学道の人、若《も》し悟《さとり》を得ても、今は至極《しごく》と思うて行道を罷《やめ》る事なかれ。道は無窮《むきゅう》なり。さとりてもなお行道すべし。

『正法眼蔵随聞記』巻一

【訳】仏道を学ぶ人は、たとえ悟ることができても、もうこれ以上はないと思って、仏道修行をやめてはならない。仏道は無《む》窮《きゅう》である。悟ってもなおその上に修行しなければならない。

26日 道を得ることは根の利鈍《りどん》には依《よ》らず

道を得ることは根の利鈍《りどん》には依《よ》らず。人々皆《みな》法を悟るべきなり。ただ精進《しょうじん》と懈怠《けだい》とによりて得道の遅速あり。進怠の不同は志の到《いた》ると到らざるとなり。志の到らざる事は、無常を思わざるに依《よ》るなり。念々に死去す、畢竟暫《ひっきょうしば》くも止らず。暫《しば》くも存《ぞん》ぜる間《あいだ》、時光《じこう》を虚《むな》しくすごす事なかれ。

『正法眼蔵随聞記』巻一

【訳】仏道を悟ることは、生まれつきの賢《けん》愚《ぐ》とかによるのではない。人間誰しもが悟ることができるのである。ただ、それを自覚せずに努力してやまないか、怠《なま》けているかによって、仏道を得るのに速いか、遅いかの違いがある。

精進《しょうじん》努力するか、怠けるかの違いは、志が切実であるかどうかによる。志が切実でないのは、無常ということをよく考えないからである。我々は時々刻々と死にむかっている。どこまでも少しの間も同じ状態で止まってはいない。それ故《ゆえ》にこそ、生きているわずかな間に、時を虚《むな》しく過してはならない。

27日　人これを壁観婆羅門《へきかんばらもん》という

しばらく嵩山《すうざん》に掛錫《かしゃく》すること九年なり、人これを壁観婆羅門《へきかんばらもん》という、史者《ししゃ》これを習《しゅう》禅《ぜん》の列に編集すれどもしかにはあらず、仏仏嫡嫡《てきてき》相伝する正法眼蔵、ひとり祖師のみなり。

『正法眼蔵』「行持・下」

【訳】達磨大師《だるまたいし》はしばらく嵩山《すうざん》にとどまり、いつしか九年を経た。人々は大師を称して「面壁《めんぺき》の婆羅門《ばらもん》」と呼んだ。仏教史の編者は、大師を「習禅《しゅうぜん》」（悟りを目的とした禅者）の項目に入れているが、実際はそうではない。仏祖から仏祖へと、仏法の真髄《しんずい》を伝承したのは、ひとりこの大師のみである。

28日　西来《せいらい》の祖道《そどう》我《われ》東《ひがし》に伝《つた》う

西来《せいらい》の祖道《そどう》我《われ》東《ひがし》に伝《つた》う、月《つき》に瑩《みが》き雲に耕して古風を慕《した》う、世俗《せぞく》の紅塵《こうじん》飛んで豈到《あにいた》らんや、深山《しんざん》の雪夜草庵《そうあん》の中《うち》。

『永平広録』巻十「偈頌１００」

【訳】達磨大師《だるまたいし》が西来《せいらい》し、中国に伝えた正伝の仏法を、私は更に東、わが国日本に伝え、古来禅僧がしてきたように、月にみがき、雲に耕すように辛苦し弁道して仏祖の古風を慕《した》うのみである。そうした、私が山《さん》居《ご》して弁道に励んでいるここには世俗《せぞく》の紅《こう》塵《じん》など飛んでこようはずがない。ましてやここ深山《しんざん》の雪夜の草庵《そうあん》の中には……。

29日 一生いくばくにあらず

しずかにおもうべし、一生いくばくにあらず、仏祖の語句、たとい三三両々なりとも、道得《どうとく》せんは仏祖を道得せるならん。

『正法眼蔵』「行持・下」

【訳】静かに考えてもみよ。一生は幾ばくでもない。たとえ、仏祖の言葉を学ぶこと、わずかに二三句であっても、その語句の真意を得て言葉で表現できたならば、それは仏祖の道を説き示し行じたことになる。

【注】道得…いいうる。仏法の真実を説きつくし余りのないこと。仏祖の全身心をあげたはたらきの意。仏祖そのものの意もある。

30日 玉は琢磨《たくま》によりて器《うつわ》となる

玉は琢磨《たくま》によりて器《うつわ》となる。人は練磨《れんま》によりて仁となる。何《いずれ》の玉か、はじめより光有らん。誰人《たれびと》か初心より利なる。必ずみがくべし。須《すべから》く練《ね》るべし。自ら卑下《ひげ》して学道をゆるくする事なかれ。

『正法眼蔵随聞記』巻五

【訳】玉は磨いて初めて見事な器《うつわ》となる。人は練磨《れんま》によって有徳な人となる。どんな玉でも初めから輝く光はもたない。どのような人であっても初めから優れてはいない。必ず切磋《せっさ》し、練磨《れんま》せよ。自らを卑下《ひげ》して仏道を学ぶことを怠けてはならぬ。

31日　春は花　夏ほととぎす

春は花　夏ほととぎす　秋は月
冬雪さえて　冷《すず》しかりけり

『傘松道詠集』「本来の面目」

【訳】春には花がさき、夏にはほととぎすがさえずり、また秋には月が、冬には雪がさえて、みなそれぞれが本来的にもつ真実のありのままのすがたを発揮している。

【注】「本来面目」面目は顔の意味で、その人自身が本来的にもつ事実ありのままの姿そのものをいう。

この句は、道元が鎌倉行化した際、執権北条時頼あるいは北の方から求められた十余首のうちの一首とされる。

この和歌は、川端康成が一九六八年ノーベル賞を受賞した際の『美しい日本の私』と題した講演の冒頭で挙げ、「道元の四季の歌も『本来の面目』と題されておりますが、四季の美を歌いながら、実は強く禅に通じたものでせう」と評している。

『傘松道詠集』…一巻。道元吟詠の和歌を後人が編集したもので六〇首が集録されている。面山瑞方校、延享四年（一七四七）刊。

2月

切に思うことは必ず遂ぐるなり

1日 明々偏界《めいめいへんがい》、かつて蔵《かく》れず

明々偏界《めいめいへんがい》、かつて蔵《かく》れず。毘盧《びる》を坐断《ざだん》して、未《いま》だ当るべからず。飲水《おんすい》の鵞《が》、よく淳《じゅん》味《み》を取る、花を採る蜂《はち》、余香《よこう》を損ぜず。

『永平広録』巻八「解夏小参」

【訳】ありとあらゆるものが隠すことなく明らかに現れている（明々偏界）。釈尊（毘《び》盧《る》）の世界にひたすら坐禅しても少しもとらわれることはない。それはまさに、鵞《が》鳥《ちょう》は乳と水が混ざっていても、乳だけを飲むし、花に群れる蜂は花の香を損なわずに蜜《みつ》を吸うようなものなのである。

2日 学道の用心《ようじん》、本執《ほんしゅう》を放下《ほうげ》すべし

学道の用心《ようじん》、本執《ほんしゅう》を放下《ほうげ》すべし。身の威《い》儀《ぎ》を改むれば、心も随《したが》って転《てん》ずる也。

『正法眼蔵随聞記』巻一

【訳】仏道を学ぶ心得は、本来的に自分が持っている執着心《しゅうちゃくしん》を棄《す》てさることだ。自分の身体に染みこんだ威儀《いいぎ》作法を改めれば、心もそれにつれて正しく改まるものだ。

3日 後日《ごじつ》を待って、行道《ぎょうどう》せんと思うことなかれ

学道の人は、後日《ごじつ》を待って、行道《ぎょうどう》せんと思うことなかれ。只《ただ》今日今時を過ごさずして、日々時々を勤むべきなり。

『正法眼蔵随聞記』巻一

【訳】仏道を学ぶ人は、後日を当てにして、その時に仏道修行をしようなどと思ってはならぬ。ただ、今日の、この時を無為《むい》に過ごさず、毎日、毎日、その時、その時に精《しょう》進《じん》しなければならぬ。

4日 一事をこととせざれば

まことに、一事をこととせざれば一智《いっち》に達することなし。

『正法眼蔵』「弁道話」

【訳】まことに、一つの事に専心《せんしん》しなければ、仏法の一つの智慧《ちえ》にも達することはできない。

5日 聞くべし、見るべし

古人曰《いわ》く「聞くべし、見るべし」と。また曰く「経《へ》ずんば見るべし、見ずんばきくべし」と。

言《いうこころ》は、きかんよりは見るべし。見んよりは経《ふ》べし。いまだ経ずんばみるべし。いまだみずんば聞くべしとなり。

『正法眼蔵随聞記』巻一

【訳】古人は「よく聞き、よく見よ」と言っている。また「実際に経験していないなら見よ。目で見ていないなら耳で聞くがよい」とも言っている。

その意味は「ものごとは、耳で聞くよりは、実際に目で見るがよい。目で見るよりは、実際に経験するがよい。まだ自分で経験したことがないならば、せめて見るがよい。まだ見ていないならば、せめてよく聞くがよい」ということである。

6日　仏々祖々《ぶつぶつそそ》、皆本《みなもと》は凡夫《ぼんぷ》なり

仏々祖々《ぶつぶつそそ》、皆本《みなもと》は凡夫《ぼんぷ》なり。凡夫の時は必ず悪業《あくごう》もあり、悪心もあり、鈍もあり、癡《ち》もあり。然《しか》れども皆改めて知識に従い、教行《きょうぎょう》に依《よ》りしかば、皆仏祖と成りしなり。

『正法眼蔵随聞記』巻一

【訳】古来の仏たちも、どの祖師たちも、皆もとは凡夫《ぼんぷ》であった。凡夫の時には、必ず悪い行いもあり、悪い心ももっていた。にぶくもあり、愚かでもあった。しかし皆それを改めて、すぐれた指導者に従い、仏の教えと仏の行いとによって修行したので、みな仏となり祖となったのである。

7日　好むには必ず得べきなり

今の人も然《しか》るべし。我が身おろかなれば、鈍なればと卑下《ひげ》する事なかれ。今生《こんじょう》に発心《ほっしん》せずんば、何《いず》れの時をか待つべき。好むには必ず得べきなり。

『正法眼蔵随聞記』巻一

【訳】現今《いま》の人もそうでなくてはならぬ。自分は愚かだから、鈍いからといって卑下《ひげ》してはならぬ。生きているこの世で仏道を修める決心をしなければ、どんな時を待って志をおこすことがあろう。心から好んで修行すれば、必ず仏道を得ることができるのである。

8日 空手《くうしゅ》にして郷《きょう》に還《かえ》る

山僧《さんぞう》これ、叢林《そうりん》を歴《ふ》ること多からず。ただ、これ、等閑《とうかん》に先師《せんし》天童《てんどう》に見《まみ》えしのみなり。然而《しかれども》、天童に謾《まん》ぜられず、天童、還《かえ》って山僧に謾《まん》ぜらる。近来、空手《くうしゅ》にして郷《きょう》に還《かえ》る。所以《ゆえ》に山僧、無仏法《むぶっぽう》なり。

『永平広録』巻一　上堂48

【訳】山僧《わたし》は、あちこちと叢林《そうりん》を遍歴《へんれき》し、その生活を多く経験したわけではない。ただ、はからずも、正師天童如浄《てんどうにょじょう》に相見させていただき（その場で、眼は横に鼻は真っすぐについていているという）、ごく当然のことを認得しえただけである。それは、如浄《にょじょう》に、仏法とはそういうものだとだまされたわけではない。かえって如浄が私にだまされてそのように教示されたのである。そして、近年手に何も携《たずさ》えずに故郷に還《かえ》ってきたのである。それ故に、山僧にはいささかの仏法もない。

【注】空手還郷《くうしゅげんきょう》…道元の帰国の言葉として有名だが、それはそれまでの中国への留学僧がもたらした仏教関係の諸事諸般や経典類ではなく、如浄膝下《にょじょうしっか》で体得した「仏祖の正伝の仏法」「身心脱落」した境界《きょうがい》をもたらしたことへの言明である。

9日 仏祖の現成《げんじょう》は、究尽《ぐうじん》の実相《じっそう》なり

仏祖の現成《げんじょう》は、究尽《ぐうじん》の実相《じっそう》なり、実相は諸法なり。

『正法眼蔵』「諸法実相」

【訳】仏祖はどのようにして成るのか、それはあるがままの相（すがた＝実相《じっそう》）を究《きわ》め尽くして成るのである。あるがままの相というのはもろもろの存在のありようである。

10日 実相《じっそう》は嫡嫡相承《てきてきそうじょう》の正脈なり

しるべし、実相《じっそう》は嫡嫡相承《てきてきそうじょう》の正脈なり、諸法は究尽参究《ぐうじんさんきゅう》の唯仏与仏《ゆいぶつよぶつ》なり、唯仏与仏は如是相好《にょぜそうごう》なり。

『正法眼蔵』「諸法実相」

【訳】知るがよい。「実相」とは、代々の仏祖がたが正しい嗣《つ》ぎてとして、次々と相承されてきた仏祖のいのちである。「諸法」とは、ただ仏と仏とのみが学びいたり（参学）究め尽くす（究尽）ところである。唯《ゆい》仏与仏《ぶつよぶつ》とは如是相好《にょぜそうごう》、つまり、このままのあるがままの姿であり、この諸法実相を極める以外に仏道はない。

11日　頂《いただき》に　鵲《かささぎ》の巣や つくるらん

頂《いただき》に　鵲《かささぎ》の巣やつくるらん
眉にかかれる　ささかにの糸

『傘松道詠集』「坐禅」

【訳】釈尊《しゃくそん》は、菩提樹《ぼだいじゅ》のもと、金剛座《こんごうざ》上に坐《ざ》して六年、眉間《みけん》には蜘蛛《くも》が網をかけ、螺《ら》髪《ほつ》のいただきには鵲《かささぎ》が巣を作るほどの苦行をなされ、明けの明星《みょうじょう》を見て「大地も有《う》情《じょう》もともに同時に成道《じょうどう》した」と獅子吼《ししく》された。ならば、我々も釈尊と同様に大地有情とともに成道しなければならぬ。

12日　仏祖の大道は、究竟参徹《くきょうさんてつ》なり

仏祖の大道は、究竟参徹《くきょうさんてつ》なり、足下無糸去なり、足下雲生なり。

『正法眼蔵』「編参」

【訳】仏祖の大道というのは、善知識を訪ね、仏法の至極（究竟《くきょう》）について徹底参学し透徹《とうてつ》することである。だが、その尋師訪道の仕方は、その去るやあたかも、鳥が痕跡を残さないように（足下無糸）、その行くや足下から雲を生ずるように跡もなく自由自在に行脚するのである。

【注】究竟…仏道の至極、安心立命に至ったところ。

13日 経巻《きょうかん》は、如来《にょらい》全身なり

経巻《きょうかん》は、如来《にょらい》全身なり。経巻を礼拝するは、如来を礼拝したてまつるなり、経巻にあいたてまつれるは、如来にまみえたてまつるなり、経巻は如来舎利《しゃり》なり、かくのごとくなるゆえに舎利は此経《しきょう》なるべし、たとい経巻はこれ舎利なりとしるというとも舎利はこれ経巻なりとしらずは、いまだ仏道にあらず。

『正法眼蔵』「如来全身」

【訳】経巻《きょうかん》は如来《にょらい》（仏）の全身である。したがって経巻を礼拝することは、如来を礼拝したてまつることとなる。経巻に出会うことは、如来にお会いたてまつることである。生きておられた如来もやがて舎利《しゃり》（お遺骨）となり、人々はその舎利に塔を建ててまつり、それを礼拝し供養《くよう》する。故《ゆえ》に舎利はこの経ということになる。たとい経巻は、如来の舎利であると知っても、舎利がそのまま経巻であると知らなければ、仏道とはいえない。

14日 八大人覚《はちだいにんがく》をきかず、ならわず

如来の般涅槃《はつねはん》よりさきにさきだちて死せるともがらは、この八大人覚《はちだいにんがく》をきかず、ならわず。いまわれら見聞したてまつり、習学したてまつる、宿殖善根《しゅくじきぜんこん》のちからなり。いま習学して生生《しょうじょう》に増長《ぞうじょう》し、かならず無上菩提《ぼだい》にいたり、衆生《しゅじょう》のためにこれをとかんこと、釈迦牟尼仏《しゃかむにぶつ》にひとしくしてことなることなからん。

『正法眼蔵』「八大人覚」

【訳】釈尊の大いなるご入滅《にゅうめつ》よりもさきに亡くなった人々は、この八大人覚《にんがく》を聞くことも、習うこともできなかった。それなのに、いま我々は、それを見聞し習い学ぶことができる。これはひとえに、前世の善根の力によるものである。今や、我らは、生々世々《しょうじょうせぜ》にわたってこれを習学し成長せしめれば、必ず仏道の究極の悟りにいたり、さらに衆生《しゅじょう》のために説くこと、釈尊と等しくなり異なることはないであろう。

15日　八大人覚《はちだいにんがく》

諸仏は是《こ》れ大人なり。大人の覚知《かくち》するところ、故以《ゆえ》に八大人覚《はちだいにんがく》と称するなり。この法を覚知するを涅槃《ねはん》の因とする。我が本師釈迦牟尼仏《しゃかむにぶつ》、入涅槃夜、最後の所説なり。一は少欲。二は知足《ちそく》。三は楽寂静《ぎょうじゃくじょう》。四は勤精進《ごんしょうじん》。五は不忘念《ふもうねん》。六は修禅定《しゅぜんじょう》。七は修智慧《しゅちえ》。八は不戯論《ふけろん》。これ八大人覚なり（中略）大師釈尊最後之説、大乗之所教誨。二月一五日夜半の極唱。『正法眼藏』「八大人覚」

【訳】諸仏は偉大なる人である。諸仏のさとり得たところであるから、八大人覚《はちだいにんがく》という。この法を覚知するのが涅槃《ねはん》の因となる。


我が本師釈迦牟尼仏、涅槃に入らせられたその夜の最後に説かれたものである。

一は少欲。未だ得ない五欲も求めない。

二は知足《ちそく》。得たものにも限度をもつ。

三は楽寂静《ぎょうじゃくじょう》。寂静を楽しむ。

四は勤精進《ごんしょうじん》。精進に勤める。

五は不忘念《ふもうねん》。常に思惟して忘れないこと。

六は修禅定《しゅぜんじょう》。禅定を修すること。

七は修智慧《しゅちえ》。智慧を修すること。

八は不戯論《ふけろん》。悟りを開いて分別を離れる。

これが八大人覚である。釈尊最後の説法、仏教の教誨で二月一五日夜半の最後の極唱である。

16日

善根山上《ぜんごんさんじょう》、一塵《いちじん》も亦《また》積むべきか

米を淘《よな》げ、菜《さい》を調《ととの》うる等は、自手《みずか》ら親しく見、精勤誠心《しょうごんじょうしん》にして作《な》し、一念も疎怠《そたい》緩慢《かんまん》にして、一事は管看《かんかん》するも、一事は看《かん》せざることあるべからず。功徳海中《くどくかいちゅう》、一滴も也《ま》た譲ること莫《な》く、善根山上《ぜんごんさんじょう》、一塵《いちじん》も亦《また》積むべきか。

『典座教訓』

【訳】米をといだり、野菜を調理したりすることは、典座《てんぞ》が自身で親しく手を下し、誠心誠意真心をもって気を配り、一瞬でも、おろそかにしたり、怠《おこた》ったりせず、よく注意し気をつけ、あのことには注意し、このことに気をぬくということがあってはならない。典座の職責を全うする功徳《くどく》は、大海のように広大で深い功徳を積むことであり、ほんのわずかのことでも他人にまかせてはならない。また、山のように高い善根を積み重ねることにおいても、高い山のひとつまみの土ほどの小さなことでも、自分自身で積み重ねなければならない。

17日　人に順《したが》いて詞《ことば》を改むること莫《なか》れ

麤《そ》に向《むか》うと雖《いえど》も全く怠慢《たいまん》無く、細《さい》に逢《あ》うと雖も弥々《いよいよ》精進《しょうじん》有り。切《せつ》に物を逐《お》いて心を変え、人に順《したが》いて詞《ことば》を改むること莫《なか》れ。

『典座教訓』

【訳】たとえ粗末《そまつ》な野菜料理を作ることがあろうとも、決しておろそかにするような心を起こすことなく、また、上等な材料を用《もち》いて料理を作るようなことがあったとしても、精進《しょうじん》しなければならぬ。決して料理をする物の善《よ》し悪《あ》しによって、自分の心を変えてはならない。それは人によって言葉遣いを変えるようなことである。

18日　病《やま》いして死なば本意なり

直饒《たとえ》発病して死ぬべくとも、なおただ是《こ》れを修《しゅ》すべし。病《やま》まずして修せずんば、此《こ》の身労しても何の用ぞ。病いして死なば本意なり。

『正法眼蔵随聞記』巻二

【訳】たとえ、仏道に邁進《まいしん》して病気になって死んだとしても、なお仏道を修《しゅ》すべきである。病気でもないのに、修行もせずこの身をいたわってなんの得があるか。仏道修行中に病気になって死ぬのであればそれは本望《ほんもう》である。

19日

只《ただ》仏法のために、仏法を学すべきなり

学道の人は、吾我《ごが》の為に仏法を学することなかれ。只《ただ》仏法のために、仏法を学すべきなり。其《そ》の故実《こじつ》は我が身心《しんじん》を一物ものこさず放下《ほうげ》して、仏法の大海に廻向《えこう》すべきなり。その後《のち》は一切の是非管《かん》ずることなく、我《わ》が心を存《そん》することなく、なし難き事なりとも、仏法につかわれて、強いて此《こ》れをなし、我が心に強《し》いてなしたきことなりとも、仏法の道理になるべからざる事は放下《ほうげ》すべきなり。

『正法眼蔵随聞記』巻六

【訳】仏道を学ぶ人は、自分のためだけに仏法を学んではならぬ。ただ、仏法のためにだけ仏法を学ぶべきである。その一番大事な心得や規範先例（故実）は、自分の身も心も一物も残さず捨てさり、仏法の大海にふり向けるのである。その後は、一切の是非にかかわらず自分の心ももたず、できずなし難《がた》いことでも、仏法のためには強いてこれを成し、自分では強いてやりたいことでも、仏法の道理にてらして、してはならぬことであればすて去るべきである。

20日

桃華《とうか》おちて身心脱落《しんじんだつらく》せん

桃華《とうか》のひらくるは春のかぜにもよおされ、桃華のおつるは春のかぜににくまる、たとい春風ふかく桃華をにくむとも、桃華おちて身心脱落《しんじんだつらく》せん。

『正法眼蔵』「優曇華」

【訳】桃の花が開くのは、春の風に誘われてであり、桃の花が散るのは、春の風に憎まれたからでもあろう。たとえ春の風が深く桃花《とうか》を憎んだとしても、その桃花の散るというところにこそ身心脱落《しんじんだつらく》のすがたがあるのである。

21日

心《しん》をもて学し、身《しん》をもて学する

仏道を学習するに、しばらくふたつあり。いわゆる心《しん》をもて学し、身《しん》をもて学するなり。

『正法眼蔵』「身心学道」

【訳】仏道を学習する方法にはいってみれば二つある。世にいう心《しん》をもって学ぶことと、身《しん》をもって学ぶことである。

22日　身学道というは

身学道というは、身にて学道するなり、赤肉団《しゃくにくだん》の学道なり、身は学道よりきたり、学道よりきたれるは、ともに身なり。

『正法眼蔵』「身心学道」

【訳】身学道というのは、この身をもって仏道修行（学道）することである。この肉体（赤肉団《しゃくにくだん》）をもっての学道である。この身は学道によって獲得されたものである。学道によって得られるのもまた身である。

23日　心《しん》をもて学するとは

心《しん》をもて学するとは、あらゆる諸心をもて学するなり。

『正法眼蔵』「身心学道」

【訳】心《しん》をもって学ぶとは、あらゆる種々様々な心をもって学ぶということである。

24日 いまだ一語をも道著《どうじゃく》せざる

むかしよりいまだ一語をも道著《どうじゃく》せざるをその人ということ、いまだあらず。

『正法眼蔵』「心不可得」

【訳】昔から、いまだに自分自身の言葉によって、一語をも言い切る（道著《どうじゃく》）ことのできない人を、本物と認めたためしはない。

25日 至徳要道《しとくようどう》の行なり

古人曰く「言、天下に満ちて口過《あやまち》無く、行、天下に満ちて怨悪《えんお》なし」と。是《こ》れ則ち言うべき処《ところ》を言い、行うべき処を行う故なり。至徳要道《しとくようどう》の行なり。

『正法眼蔵随聞記』巻一

【訳】古人は「為政者《いせいしゃ》の言葉が、社会全般にいきわたり、言葉に過失がなく、その行政が社会に行われても、誰も怨《うら》みを抱かない」という。これこそは、言うべきことを言い、行うべきことを行っているからである。これが最高の徳で、道の最も大切なところを心得た行いである。

26日 仏祖は説法《せっぽう》に理せられきたるなり

説法は仏祖の理しきたるとのみ参学することなかれ、仏祖は説法《せっぽう》に理せられきたるなり。

『正法眼蔵』「無情説法」

【訳】説法《せっぽう》とは、仏祖が取り仕切ってきたものとのみ参学してはならない。仏祖はその逆に、説法によってこそ取り仕切られてきたのである。

27日 菩提心《ぼだいしん》をおこすというは

菩提心《ぼだいしん》をおこすというは、おのれいまだわたらざるさきに、一切衆生《いっさいしゅじょう》をわたさんと発願《ほつがん》し、いとなむなり。そのかたちいやしというとも、この心をおこせば、すでに一切衆生の導師なり。

『正法眼蔵』「発菩提心」

【訳】菩提心《ぼだいしん》（さとりの智慧《ちえ》を求める心）をおこすというのは、自分自身が迷妄《めいもう》・生死の苦海を渡りきらないまえに、まず一切の衆生《しゅじょう》（人々）を救おうとの願をおこし、その実現につとめることである。たとえ、その姿かたちが卑《いや》しくとも、この心をおこせば、その人はすでに一切衆生の導師である。

28日 自未得度先度他《じみとくどせんどた》

衆生《しゅじょう》を利益《りやく》すというは、衆生をして自未《じみ》得度先度他《とくどせんどた》のこころをおこさしむるなり。自未得度先度他の心をおこせるちからによりて、われほとけにならんとおもうべからず。たといほとけになるべき功徳《くどく》熟して円満すべしというとも、なおめぐらして衆生の成仏得道《じょうぶつとくどう》に回向《えこう》するなり。

『正法眼蔵』「発菩提心」

【訳】人々を利益《りやく》するというのは、人々に「自分が仏果をえて救われるまえに、まず他の人々が救われるようにする」（自未得《じみとく》度先度他《どせんどた》）という心をおこさせることである。だが、「自未得度先度他」とする心をおこさせたからといって、その力によって自分が仏になろうなどと思ってはならない。たとえ、仏になるほどの功徳《くどく》が十分に熟したといっても、なおそれを他人に手向《たむ》けて、人々が仏になれるように、仏道を得るように願い勤めなければならない。

29日 切《せつ》に思うことは必ず遂《と》ぐるなり

切《せつ》に思うことは必ず遂《と》ぐるなり。強《こわ》き敵《かたき》、深き色、重き宝《たか》らなれども、切に思う心ふかければ、必ず方便も出来《いでく》る様あるべし。是れ天地善神《ぜんしん》の冥加《みょうが》もありて必ず成《じょう》ずるなり。

『正法眼蔵随聞記』「明和本」巻三

【訳】切実に何とかしたいと思う心が深ければ、その思いは必ず成しとげることができる。どんな強敵であろうと、どんな麗人（深き色）であろうと、どんな重宝であろうと、切実に何とかしたいと思う心が深ければ、必ずよい手段方法（方便）が見つか《か》るものである。これは、天地の善神《ぜんしん》のご加護《ご》もあって必ず実現するものである。

【注】現代、用いられる『正法眼蔵随聞記』は、「長円寺本」が主流である。「長円寺本」が発見されるまでは「明和本」が使用されていた。

強き敵…強敵。手ごわい相手。

深き色…美人。美しい容貌の人。深きとは色・匂いなどが濃いことをいう。

方便…便宜な方法。釈尊が衆生済度のために種々に工夫して衆生の迷妄を断じて一実の真理に帰せしめた手段方法をとったこと。

天地善神…天と地にいる護法の善神。

3月

迷を大悟するは諸仏なり、
悟に大迷なるは衆生なり

1日　紅顔《こうがん》いずくへかさりにし

いのちは光陰にうつされてしばらくもとどめがたし、紅顔《こうがん》いずくへかさりにし、たずねんとするに蹤跡《しょうせき》なし、つらつら観ずるところに往事のふたたびあうべからざるおおし。

『正法眼蔵』「恁麼」

【訳】生命は時間の流れとともに移ろい、一瞬もとどまることはない。かつてのあの紅顔《こうがん》は何処《どこ》にいってしまったのか。尋ねようとしても跡形もない。つくづくと観察してみても、過ぎ去った多くのことには二度と遇《あ》うことはできない。

2日　如何《いかん》が是《こ》れ透法身《とうほっしん》の句

或《も》し人有って永平に、如何《いかん》が是《こ》れ透法身《とうほっしん》の句と問わば、祇《ただ》、伊《かれ》に向かって道《い》わん、杓《しゃく》もて釈迦を汲み、斗《とう》もて達磨《だるま》を量《はか》る、と。

『永平広録』巻四　上堂２６２

【訳】もし、永平《わたし》に「法身を超脱《ちょうだつ》した一句は（差別を超越したことをどう表現するか）」と問うならば、柄杓《ひしゃく》で釈迦を汲《く》み、升《ます》で達磨を量《はか》ることだ、つまり、なんでもない日常の中にこそ真実がある、と答えよう。

【注】法身…仏の自性である真如そのものをいうが、法身無相の意から、差別の相を絶する意ともなる。

3日　人前にしても、しつべきほどに学す

人は、世間の人も、衆事を兼ね学して、何《いず》れも能《よく》せざらんよりは、ただ一事を能して、人前にしても、しつべきほどに学すべきなり。

『正法眼蔵随聞記』巻二

【訳】人は、俗世間の人でも、多くのことを同時に学んで、そのどれもよくできないよりは、ただ一つの事に集中して十分に自分のものにして、人前でも通用するほどに学ぶべきである。

4日　広学博覧《はくらん》は、かなうべからざる事なり

広学博覧《はくらん》は、かなうべからざる事なり。一向《いっこう》に思い切って留《とど》まるべし。ただ、一事について用心故実《こじつ》をも習い、先達《せんだつ》の行履《あんり》をも尋ねて、一行《いちぎょう》を専《もっぱ》らはげみて、人師《にんし》先達の気色《けしき》すまじきなり。

『正法眼蔵随聞記』巻二

【訳】広範囲に学び、数多くの書物を読むことなどは到底できない。全てを思い切って止めるべきである。ただ、一つのことについてその心得や規範先例（故実《こじつ》）を習い、先学の修行のあと（行履《あんり》）を慕《した》い、一つの行《ぎょう》に専心し、師匠ぶったり、先輩面《づら》をしないことだ。

5日 一老僧あり来る ①

嘉定《かてい》十六年 癸未《みずのとひつじ》五月の中《ちゅう》、慶元《けいげん》の舶裏《はくり》に在り、倭使《わし》の頭《かしら》と説話す次《おり》、一老僧あり来る。年は六十許《ばかり》載なり。一直《いちじき》に便《すなわ》ち舶裏に到り、和客《わかく》に問い、倭椹《わじん》を討《もと》め買う。山《さん》僧《ぞう》、他《かれ》を請《まね》きて茶を喫《きっ》せしめ、他《かれ》の所在を問えば、便《すなわ》ち阿育王山《あいくおうさん》の典座《てんぞ》なり。（中略）山僧曰《いわ》く「育王は這裏《しゃり》を去ること多少の路《みち》か有る」と。座《ぞ》曰く「三十四五厘《り》なり」と。

『典座教訓』

【訳】入宗して寧波の港に停泊していた嘉定一六年（一二二三）五月中、船頭と話していた時、一人の老僧が船にやって来た。年は六〇ばかりであった。彼は船の中に来て、日本から来た商人に日本産の倭椹《しいたけ》を求め買っていた。私はその老僧を招待してお茶を差し上げ、その老僧の所在を尋ねると、阿育王山広利寺《あいくおうざんこうりじ》の典座《てんぞ》（禅寺の食事を司る役職の僧）であった。（中略）私は老僧に尋ねた「阿育王寺《あいくおうじ》はここからどれくらいの道のりですか」。老典座は「三四、五華里（約一九キロメートル）です」と答えた。

6日 典座《てんぞ》一位《いちい》在らざるも、什麼《なん》の欠闕《けっけつ》か有らん ②

山僧曰《さんぞういわ》く「幾時《いくとき》にか寺裏《じり》に廻《かえ》り去る」と。座《ぞ》曰く「如今《いま》や、椹《じん》を買い了《おわ》れば、便《すなわ》ち行《ゆ》かん」と。山僧曰く「今日《こんにち》、期《き》せずして相会し、且《か》つ舶裏《はくり》に在りて説話す、豈《あ》に好結《こうけち》縁《えん》に非《あら》ざらんや。道元、典座禅師《てんぞぜんじ》に供養《くよう》せん」と。座曰く「可《よ》からず。明日の供養、吾《わ》れ若《も》し管せずば、便ち不是《ふぜ》になり了《おわ》らん」と。山僧曰く「寺裏、何ぞ同事《どうじ》の者の、斎《さい》粥《しゅく》を理会《りえ》する無からんや。典座一位《いちい》在らざるも、什麼《なん》の欠闕《けっけつ》か有らん」と。『典座教訓』

【訳】私が「何時ごろお寺にもどりますか」、と言うと、老典座《てんぞ》は言った「もう麺汁の椎《しい》茸《たけ》も買えたので、すぐ帰ります」。私は「今日、思いもかけずあなたにお目にかかり、その上、船中でいろいろと話ができました。これはすばらしいご縁ですので、私はあなたになにかご供養いたしましょう」と言うと、老典座は言った「それはだめです。明日の雲水《うんすい》達の食事を私が作らなければならないのです」。私は「阿育王寺《あいくおうじ》には、食事の支度《したく》をする同役の典座の方がいないわけではないでしょう。典座のあなた一人ぐらいいなくても、何の不足もないでしょう」と言った。

7日 何を以《もっ》て他《た》に譲るべけんや ③

座《ざ》曰《いわ》く「吾れは老年にして此《こ》の職を掌《つかさ》どる、乃《すなわ》ち耄及《もうきゅう》の弁道《べんどう》なり。何を以《もっ》て他《た》に譲るべけんや。又来たる時、未《いま》だ一夜《いちや》の宿暇《しゅくか》を請《こ》わず」と。山僧《さんぞう》、又典座《てんぞ》に問う「座尊《ぞそん》年《ねん》、何《なん》ぞ坐禅弁道し、古人の話頭《わとう》を看《かん》せざる。煩わしく典座に充《あ》てられて、只管《しかん》に作《さ》務《む》し、甚《なん》の好事《こうじ》か有らん」と。『典座教訓』

【訳】老典座《てんぞ》は言った「私は、この年おいて（耄及《もうぎゅう》）、はじめて典座職をつかさどることになったが、これこそ老いの仏道修行である。どうしてこの典座の仕事を他人に譲りまかせることができよう。また、阿育《あいく》王寺を出てくる時、一晩の外泊許可をもらっていないのです」。私はまた典座に尋ねた「あなたほどのお年で、なぜ坐禅修行したり、先人の仏道修行に関する話を読んだりすることをしないのですか。煩《わずら》わしい典座職などに充てられ、ひたすらに働き、一体どんなよいことがあるのですか」と。

8日　未《いま》だ弁道《べんどう》を了得《りょうとく》せず、未《いま》だ文字を知得《ちとく》せざる ④

座《ぞ》、大笑《たいしょう》して曰《いわ》く「外国の好人《こうじん》、未《いま》だ弁《べん》道《どう》を了得《りょうとく》せず、未だ文字を知得《ちとく》せざること在り」と。山僧《さんぞう》、他《かれ》の恁地《かくのごとく》に話《かた》るを聞き、忽然《こつねん》として発慚驚心《ほつざんきょうしん》し、便《すなわ》ち他《かれ》に問う「如何《いか》なるか是《こ》れ文字、如何なるか是れ弁《べん》道《どう》」と。

『典座教訓』

【訳】典座《てんぞ》が、大笑して言った「外国の若き坊さんよ。あなたは、まだ弁道がどういうことか、文字がどういうものかご存じないようだ」と。山僧は、老典座のこの言葉を聞き、たまらなく骨身にしみるように恥ずかしくなり、驚いてすぐに尋ねた「どのようなものが文字ですか。どのようなことが弁道なのですか」と。

【注】『典座教訓』…（一巻）典座は禅院の六知事の一つで衆僧の食事をつかさどる職位。しかし、本書は、道元が入宋した最初から典座から仏法の真のありようを学び、典座職の重要性に気づかされ、典座職に弁道の功徳心行をその用心とともに道元の仏道にたいするひたむきな深究心が克明に記されたもので、『永平元禅師清規』の巻頭に収録されている。

9日 文字・弁道の因縁《いんねん》を説き来る⑤

同年七月の間《かん》に、山僧、天童に掛錫《かしゃく》す。時に彼の典座来り得、相見して曰《いわ》く「解夏《かいげ》し了《おわ》れば、典座を退きて郷《きょう》に帰り去らんとす。適々《たまたま》兄弟《ひんでい》、老子の箇裏《こり》に在りと説《い》うを聞く。如何《いか》んぞ来たり相見せざらん」と。山僧、喜踊《きよう》感激し、他《かれ》を接して説話するの次、前日の舶裏《はくり》に在りての、文字・弁道の因縁《いんねん》を説き来る。

『典座教訓』

【訳】同じ年（一二二三）の七月には、私は正式に天童山景徳寺に入り修行していた。この時、寧波の港の船中で出会ったかの老典座がやってきて、私に面会して言った。「夏の安居《あんご》（修行）も終わったので、典座の職を退任して、故郷の蜀《しょく》に帰ろうと思ったのだが、たまたま一緒に修行している仲間が、あなたがここにいるという話をしているのを聞いて、どうしてもお目にかかりたいと思ってやってきた」。私は踊りあがるほどに感激し、かの典座を接待し、話をした折、話題が先日の船中における「文字」と「弁道」についての因縁に説き及んだ。

10日　如何なるか是れ文字 ⑥

典座《てんぞ》曰《いわ》く「文字を学ぶ者は、文字の故《ゆえ》を知らんと為《な》すなり。弁道を務《つと》むる者は、弁道の故を肯《うけが》わんことを要《もと》むるなり」と。山僧、彼に問う「如何なるか是れ文字」と。座《ぞ》曰《いわ》く「一二三四五」と。また問う「如何なるか是れ弁道」と。座曰く「偏界曾《へんがいかつ》て蔵《かく》さず」と。

『典座教訓』

【訳】老典座《てんぞ》は言った「文字を学ぶ者は、文字の何たるか、その意味を知ろうとする。坐禅弁道の道にいそしむ者は、坐禅修行の真実の意味を知り、それを納得しようと求めるものだ」。私は典座に尋ねた「文字というものは一体どんなものですか」。老典座は言った「一、二、三、四、五」（文字は文字であってそれ以外に何の仔細《しさい》もない）。さらに私は尋ねた「弁道とは一体どのようなことでしょうか」。老典座は言った「真実は、この世界のいたるところにかくすことなくありのままにあらわれている」（眼前に現れた厳として存在する全てのものが弁道すなわち仏道に精道する対象である）と。

【注】後に道元は「山僧、聊か文字を知り弁道を了ずることは、乃ち彼の典座の大思なり」（『典座教訓』）と述懐し、彼の老典座との因縁に深く感謝している。

11日 他《かれ》は是《こ》れ吾《わ》れにあらず

山僧《さんぞう》、近前《ちか》づきて、便《すなわ》ち典座《てんぞ》の法寿《ほうじゅ》を問う。座《ぞ》曰《いわ》く「六十八歳なり」と。山僧曰く「如何《いか》んぞ行者《あんじゃ》・人工《にんく》を使わざる」と。座曰く「他《かれ》は是《こ》れ吾《わ》れにあらず」と。山僧曰く「老人家《ろうにんけ》、如法《にょほう》なり。天日《てんじつ》且《か》つ恁《かく》のごとく熱し、如何んぞ恁地《かくのごとく》にする」と。座曰く「更《さら》に何《いず》れの時をか待たん」と。山僧すなわち休《きゅう》す。廊《ろう》を歩むの脚下《きゃっか》、潜《ひそ》かに此《こ》の職の機要《きよう》たるを悟る。

『典座教訓』

【訳】ある時、炎天下の仏殿前の石畳の上で作務をしている老典座《てんぞ》に近づいて年齢を問うと、典座は「六八歳」と答えた。

私が「そのようなことを、なぜ若い修行者にさせないのですか」と尋ねると、老典座は「他人がやったのでは、自分がしたことにはならない」と答えた。私が「あなたのおっしゃるのは尤《もっと》もです。でも、この炎天下、この暑い最中に、どうしてそこまでするのですか」と聞くと、老典座は「今やらなければ、いつやる時がある」と答えた。私は、沈黙せざるを得なかった。廊下を歩きながら一歩一歩に、私はこの典座職がいかに大事なものかを知った。

12日 人に能《よ》しと言《い》われ思われんと思うなり

世人《せじん》多く、我は元来《もとより》、人に能《よ》しと言《い》われ思われんと思うなり。それが即ち、よくも成《な》り得《え》ぬなり。

『正法眼蔵随聞記』巻二

【訳】世の中の人の多くは、元来、自分は人からよく言われたい、よく思われたいと思うものである。が、そう思っているうちは、そうはならない。

13日 所得《しょとく》あらんと思うべからず

仏道に入りては、仏法のために諸事を行《ぎょう》じて、代りに所得あらんと思うべからず。内外《ないげ》の諸教に、皆無所得《むしょとく》なれとのみ進むるなり。

『正法眼蔵随聞記』巻二

【訳】仏道に入った上は、仏法のためにもろもろ事を実践しても、その代わりに何か得る所があろうなどと思ってはならない。仏教や仏教以外のさまざまな教えでも、みな、所得があってはならないと勧めているのである。

14日 明得《めいとく》・説得《せっとく》・信得《しんとく》・行得《ぎょうとく》

只《ただ》、他《かれ》のために説く、修善《しゅぜん》のものは昇り、造悪《ぞうあく》のものは堕《お》つ、修因感果《しゅいんかんか》、専《せん》を抛《なげう》って玉《たま》を引く而已《のみ》なり、と。然《しか》も是の如くなりと雖《いえど》も、這《こ》の一段の事、永平老漢《ろうかん》、明得《めいとく》・説得《せっとく》・信得《しんとく》・行得《ぎょうとく》す。

宝治二年（一二四八）三月一四日
『永平広録』巻三　上堂251

【訳】ただ、私は、かれら（俗《ぞく》弟子）のために「仏法の因果の道理である、善行をなすものは一切の苦や迷いをはなれて悟証を開き、悪行をなすものは苦しみの世界に落ちるという事実、すなわち、仏法には、善悪それぞれの因を修すれば、その各々《おのおの》の作用により、それに応ずべき果を感得するという因果の道理があるから、専《せん》（悪行）を抛《な》げすてて玉（悟り）をうることが一番重要である」ということを説いてきたばかりなのである。そのように説いてきたのは、永平老漢《ろうかん》（私道元）が、仏法を、確実に明らかに悟り（明得《めいとく》）、正しく十分に説明することができ（説得《せっとく》）、あきらかに疑いもなく身につけ信じ（信得《しんとく》）、さらにそのまままきちんと行じてきたこと（行得《ぎょうとく》）なのである。

15日 渾身《こんしん》口に似《に》て虚空《こくう》に掛かれり

先師天童《せんしてんどう》古仏道、渾身《こんしん》似口掛虚空《こくう》、あきらかにしりぬ虚空の渾身は虚空にかかれり。

『正法眼蔵』「虚空」

【訳】先師天童《せんしてんどう》古仏は詩偈《しげ》で「全身口に似て虚空《こくう》に掛かれり」と言われた。それで明らかではないか。虚空の全身は虚空に掛かっているのである。

【注】道元は、その師天童如浄《てんどうにょじょう》の「虚空《こくう》の偈頌《げじゅ》」を基にして、「渾身口に似《に》て虚空に掛かれり。問わず東西南北の風。一等に他と般若《はんにゃ》を談ず。滴丁東了滴丁東」（全身を口にして虚空に掛かり、東西南北どのような風にも対応し、あらゆるところに般若《はんにゃ》を説く、ちりりんちりりりん、ちりりんりん）と詠《よ》んだ。

つまり、眼に見えない風が、東西南北どこから吹いてきても虚空にかかる風鈴《ふうれい》を鳴らすが、その響く鈴の音は、風鈴が全身、虚空となって般若（仏法の智慧《ちえ》）を語り、虚空そのものを現していると示した。虚空は紺碧《こんぺき》の空であり、すべての事象を包含《ほうがん》し、その存在を少しも妨《さまた》げず宇宙的な大空間だが、そこに存在するわれわれが、そのただ中で、綿密《めんみつ》に功夫《くふう》し弁道し発心《ほっしん》し修証《しゅしょう》し、生きているとすれば、無限なる空間・虚空こそが仏祖の命、あるがままの己の存在であることを如実に頌《じゅ》したのである。

なお、この「虚空」をどう拈《と》らえるかは当時の禅者達にとっては大きな命題であった。

16日

この心、冥衆《みょうしゅ》の心にかなわざる

世人《せじん》、多く善事を成す時は、人に知られんと思い、悪事を成す時は、人に知られじと思うに依《よ》って、この心、冥衆《みょうしゅ》の心にかなわざるに依って、所作の善事に感応《かんのう》なく、密《ひそか》に作《な》す所の悪事には罰《ばつ》有るなり。己に依って返りて自ら思わく、善事には験《しるし》なし、仏法の利益《りやく》なしなんど思えるなり。是れ即ち邪見《じゃけん》なり。尤《もっと》も改むべし。

『正法眼蔵随聞記』巻二

【訳】世間の多くの人は、善い事をする時は他人に知られたいと思い、悪い事をする時は、他人に知られたくないと思う。そこで、その気持ちが、人間界を超越した世界にいる梵天《ぼんてん》・帝釈《たいしゃく》・諸鬼神たち（冥衆《みょうしゅ》）の心にかなわないために、善い事にも利益があらわれず、密かにやった悪事には罰が下るのである。そうした自分の経験にてらして「善い事をしても良い結果はあらわれない。仏法のご利益《りやく》はないものだ」などと思う。これこそがすなわち邪見《じゃけん》というものである。まずこの考えを改めなくてはならぬ。

17日

密々《みつみつ》に成す所の善事には感応有り

人も知らざる時は、潜《ひそか》に善事を成し、悪事を成して後は、発露《ほつろ》して咎《とが》を悔《く》ゆ。是《かく》のごとくすれば、即ち密々《みつみつ》に成す所の善事には感応有り、露《あらわ》れたる悪事は懺悔《さげ》せられて、罪《つみ》滅する故《ゆえ》に、自然《じねん》に現益《げんやく》も有るなり。当《とう》果《か》をも知るべし。

『正法眼蔵随聞記』巻二

【訳】他人の知らない時には、ひそかに善い事をする。悪い事をしたら、後でその罪をかくさず告白（発露《ほつろ》）して罪を悔いる。このようにすれば、他人に知られずにした善事は神仏に通じ、告白して人に知られた悪事を自ら認め追悔（懺悔《さげ》）することで罪が消滅する故に、おのずから、この世でのご利益《りやく》もある。これによって、未来に受ける果報もあることがわかるであろう。

18日 授記《じゅき》あり

自己にしらるる授記《じゅき》あり、自己にしられざる授記あり。他をしてしらしむる授記あり、他をしてしらしめざる授記あり。

『正法眼蔵』「授記」

【訳】自分に知られる授記《じゅき》もあれば、自分に知られない授記もある。他人に知らせられる授記もあれば、他人に知らせられない授記もある。

【注】授記…修行の功徳《くどく》が円満した後に仏により授けられる未来成仏の記別（予言）。つまり、仏が弟子に対して、将来必ず仏になるであろうと予言し、弟子に、仏になる確信を持たせること、と解されている。が、道元は「授記は、仏祖から仏祖へと伝わった大道である」と説き、現実の事実として一切衆生《いっさいしゅじょう》（全ての人々）は、仏の記別を得ていると説く。一二月七日の項参照。

19日　自己の知する法

自己の知する法、かならずしも自己の有《う》にあらず。自己の有、かならずしも自己のみるところならず、自己のしるところならず。

『正法眼蔵』「授記」

【訳】自分で知ることが、必ずしも自分のものではない。自分のものが、必ずしも自分が見ることができ、自分が知ることができるものではない。

20日　兀兀《ごつごつ》地《ち》は、仏量《ぶつりょう》にあらず

兀兀《ごつごつ》地《ち》は、仏量《ぶつりょう》にあらず、法量にあらず、悟量《ごりょう》にあらず、会量《えりょう》にあらざるなり。

『正法眼蔵』「坐禅箴」

【訳】不動なる山のように端坐《たんざ》する（兀々《ごつごつ》地《ち》）のは、仏を思い量《はか》るのでも、法を思い量るのでも、悟りを思い量るのでも、また何かを理解することでもない。

21日 非思量《ひしりょう》を使用すること玲瓏《れいろう》なり

大師曰《いわ》く、非思量《ひしりょう》、いわゆる非思量を使用すること玲瓏《れいろう》なりといえども、不思量底《ふしりょうてい》を思量するには、かならず非思量をもちいるなり。

『正法眼蔵』「坐禅箴」

【訳】薬山惟儼《やくさんいげん》（七五一―八三四）が坐っていると、ある僧が「兀兀《ごつごつ》と端坐《たんざ》されている時、何を考えて（思量）いるのですか」と質問すると、大師は「不思量底《ふしりょうてい》（思いはからないこと）を考えている」と答えた。僧は「不思量底《ふしりょうてい》はどう考えるのですか」と再問すると、大師は「非思量《ひしりょう》」と、つまり、思ったり考えたりしないことだと答えた、故事がある。

薬山が「非思量」という言葉を使ったのは、極めて冴えてあざやか（玲瓏《れいろう》）である。「不思量底」を表現するには「非思量」という言葉以外にはない。

【注】非思量は、思量する（おもいはかる）という意識活動を排除した無意識の状態をいうのではなく、思量しながら思量にとらわれず、それを脱落した思量のこと。道元は、この「非思量」を実証して兀坐を学ぶべきであるとし、「非思量。これすなわち坐禅の法術なり」（「坐禅儀」）と説いている。三月二二日の項参照。

22日　思量《しりょう》箇《こ》不《ふ》思《し》量底《りょうてい》なり

兀兀《ごつごつ》と坐定《ざじょう》して、思量箇不思量底《しりょうこふしりょうてい》なり。不思量底如何《いかん》思量、これ非思量なり、これすなわち坐禅の法術なり。『正法眼蔵』「坐禅儀」

【訳】兀兀《ごつごつ》と山のように坐り、かの思いはかれないところを思いはかる。では、今、それをどう思量すべきか。それはもはや言葉からの離脱でしかない。それがすなわち坐禅の法術（こつ）である。

【注】思量箇不思量底は、通常「箇の不思量底を思量せよ」と読んでいる。が、道元は「思量は箇の不思量底なり」と読み、坐禅時の正念の当体を明らかにした。

23日　仏祖の光明《こうみょう》に照臨《しょうりん》せらるる

仏祖の光明《こうみょう》に照臨《しょうりん》せらるるというは、この坐禅を功夫参究《くふうさんきゅう》するなり。

『正法眼蔵』「坐禅箴」

【訳】仏祖の光明《こうみょう》に照らされるというのは、坐禅を功夫《くふう》し参究《さんきゅう》することである。

24日 仏向上事《ぶっこうじょうじ》というは

いわゆる仏向上事《ぶっこうじょうじ》というは、仏にいたりてすすみてさらに仏をみるなり。衆生《しゅじょう》の仏をみるにおなじきなり。しかあればすなわち、見仏《けんぶつ》もし衆生の見仏とひとしきは、見仏にあらず。見仏もし衆生の見仏のごとくなるは、見仏錯《さく》なり。『正法眼蔵』「仏向上事」

【訳】いわゆる仏向上事《ぶっこうじょうじ》（仏をこえるということ）は、仏の許《もと》にまで至りつき、さらに踏み込み、仏を見ることである。それは、衆生《しゅじょう》の見る仏と何ら別の仏ではない。が、その「見仏」が、もし衆生が仏を見るのと全く同じことであるならば、それは真の「見仏」ではなく、誤った仏の見方である。

【注】一二月一〇日の項参照。

25日 念々に明日《みょうにち》を期《ご》する事なかれ

念々に留《とど》まらず日々に遷流《せんる》して、無常迅《じん》速《そく》なる事、眼前《がんぜん》の道理なり。知識経巻《きょうかん》の教を待つべからず。

念々に明日《みょうにち》を期《ご》する事なかれ。当日当時許《ばかり》と思うて、後日《ごじつ》は甚《はなは》だ不定《ふじょう》なり、知り難ければ、ただ今日ばかりも身命《しんみょう》の在らんぜん、仏道に順ぜんと思うべきなり。

『正法眼蔵随聞記』巻二

【訳】われわれの生命は瞬時も止まることなく、物事は日々移り変わって、一定の状態を保つことなく、すみやかに変化することは、誰の目にも明らかな道理である。善知識（指導者）や経典の教えを待つまでもない。

つねに、明日のあることをあてにしてはならない。今日、この時だけ生きていると考えて、後日はどうなるかはきまっていないし、先のことはわからないから、ただ今日だけでも、生きてある間は、仏道に順《したが》おうと思うべきである。

26日 いくめぐりの生死《しょうじ》

しらず、いくめぐりの生死《しょうじ》にか、この智をもちながら、いたづらなる塵労《じんろう》にめぐる。なおし石の玉をつつめるが、玉も石につつまれりともしらず、石も玉をつつめりともしらざるがごとし。人これをしる、人これをとる、これすなわち玉の期《ご》せざるところ、石のまたざるところ、石の知見によらず、玉の思量《しりょう》にあらざるなり、すなわち人と智とあいしらざれども、道かならず智にきかるるがごとし。

『正法眼蔵』「恁麼」

【訳】われわれは、この素晴らしい智慧《ちえ》を持ちながら、一体どれほどの生死を繰り返し、いたずらに煩悩《ぼんのう》に迷って（塵労《じんろう》）きたことか。それはあたかも、玉を包んだ石が、玉は石に包まれているとも知らず、その反対に石は玉を包んでいるとも知らないようなものである。が、人はこれを知り、石のなかから玉をとるが、それは、玉の期待するところでもなく、石の予期していたところでもない。石の知るところでもなく、玉の思うところ（思量《しりょう》）でもない。つまり、人と智慧とは互いにそれを知らないけれども、やがて智慧はかならず道を聞くことがあるということである。

27日 迷を大悟《だいご》するは諸仏なり

迷を大悟《だいご》するは諸仏なり、悟に大迷《だいめい》なるは衆生《しゅじょう》なり。さらに悟上《ごじょう》に得悟《とくご》する漢あり、迷中又迷《ゆうめい》の漢あり。　『正法眼蔵』「現成公案」

【訳】迷いを転じて大悟《だいご》とするのが諸仏であり、悟りに執着して大いに迷うのが衆生《しゅじょう》である。さらに、悟りの上に悟りを得る人がいれば、迷いの中にあってさらに迷う人もいる。

28日 仏を証しもてゆく

諸仏のまさしく諸仏なるときは、自己は諸仏なりと覚知《かくち》することをもちいず。しかあれども証仏なり、仏を証しもてゆく。　『正法眼蔵』「現成公案」

【訳】諸仏がまさしく諸仏である時は自分が仏であると認得する必要はない。しかし、そうではあっても仏は仏として証明しているのである。仏を明らかに証していくのである。

29日 身心《しんじん》に法いまだ参飽《さんぼう》せざるには

身心《しんじん》に法いまだ参飽《さんぼう》せざるには、法すでにたれりとおぼゆ。法もし身心に充足すれば、ひとかたはたらずとおぼゆるなり。

『正法眼蔵』「現成公案」

【訳】いまだ身心に仏法がゆきわたらぬ時には、仏法がすでに満ちていると思える。が、法が身心に満ちたときには、どこか一方でまだ足らぬと思う。

30日 生死をはなれ、仏となる

ただわが身をも心をもはなちわすれて、仏のいえになげいれて、仏のかたよりおこなわれて、これにしたがいもてゆくとき、ちからをもいれず、こころをもついやさずして、生死をはなれ、仏となる。

『正法眼蔵』「生死」

【訳】ただ、自分の身も心も、すっかり忘れ放ち、すべてを仏の家に投げ入れて、仏の側からはたらきかけてもらい、それに従っていく時、はじめて力も入れず、心も費《つい》やすことなく、いつしか生死をもはなれ、仏となっているのである。

31日 仏となるに、いとやすきみちあり

仏となるに、いとやすきみちあり。もろもろの悪をつくらず、生死に著《じゃく》するこころなく、一切衆生《いっさいしゅじょう》のために、あわれみふかくして、かみをうやまひしもをあわれみ、よろずをいとうこころなく、ねがうこころなくて、心におもうことなく、うれうることなき、これを仏となづく。またほかにたずぬることなかれ。

『正法眼蔵』「生死」

【訳】仏となるのにごくやさしい道がある。それは諸々の悪事をなさず、生死の迷いに執着する心もなく、ただ生きとし生けるもの（一切衆生《いっさいしゅじょう》）を深く慈《いつく》しみ、目上の人を敬い目下の人に慈愛を深くし、何事に対しても厭《いと》うこころをもたず、また願うこころもなく、こころに思うことも憂《うれ》うることもない、そのように一切の思いから離れる時、これを仏と名づける。この外《ほか》に仏を求めることは必要ない。

4月

生は全機現なり、死は全機現なり

1日 正師《しょうし》をみると

正師《しょうし》をみると、正師に嗣承《しじょう》せると、正法をきけると、いまだ正法をきかず正師をみざると、はるかにことなる。

『正法眼蔵』「心不可得」

【訳】正師《しょうし》（仏法を正しく得た明眼の師）にお会いし、その正師に相承して、正法を聴いた者と、いまだに正法を聴かず正師にお会いしない人とでは、遥かな違いがある。

2日 正師《しょうし》を得ざれば

正師《しょうし》を得ざれば、学ばざるにしかず。

『学道用心集』

【訳】正師《しょうし》に出会わなければ、仏法は参学しない方がましである。

〔注〕『学道用心集』…一巻。道元著。延文二年（一三五七）刊。詳しくは『永平初祖学道用心集』。仏道を学び実践する初心者のために参禅学道の心がまえを十ヶ条に簡潔に説いたもの（原漢文）。

3日　半心にても修行すべし

すでに導師を相逢《そうほう》せんよりこのかたは、万縁《ばんえん》をなげすてて、寸陰をすごさず精進弁《しょうじんべん》道《どう》すべし。有心《うしん》にても修行し、無心にても修行し、半心にても修行すべし。

『正法眼蔵』「礼拝得髄」

【訳】すでによき師にめぐり遇うことができたならば、一切のあらゆる関わりをたち切りなげすてて、寸暇《すんか》も無駄にせず、ひたぶるに精進《しょうじん》し修行せよ。雑念のある時でも修行し、雑念のない時でも修行し、双方相半《あいなか》ばする気持ちの時も修行せよ。

4日　他の非を見て、わるしと思って

他の非を見て、わるしと思って、慈悲《じひ》を以《もっ》てせんと思わば、腹立つまじき様に方便《ほうべん》して、傍《かたわ》らの事を言う様にて、こしらうべし。

『正法眼蔵随聞記』巻二

【訳】他人の過失を見て、悪いことだと思い、慈悲《じひ》をもってたしなめようと思ったら、相手の人が腹を立てないように算段《さんだん》して、差し障《さわ》りのない別のことを言うようにしてたしなめることである。

5日 我れ道理を以《もっ》て道《い》うに

直饒《たとい》、我れ道理を以《もっ》て道《い》うに、人、僻事《ひがごと》を言うを、理を攻めて云い勝《かつ》は悪《あ》しきなり。次に、我は現に道理と思えども、吾が非にこそ、と言いて、負けてのくも、あしばやなりと言うなり。

只、人をも言い折らず、我が僻事にも謂《い》いおおせず、無為《むい》にして止めるが好《よ》きなり。耳に聴《きき》入れぬようにて忘るれば、人も忘れて、嗔《いか》らざるなり。第一の用心なり。

『正法眼蔵随聞記』巻二

【訳】たとえ、自分が道理のある正論を言っているのに、相手が間違ったことを言ったとしても、それを理屈で攻め勝つのはよくない。また、自分では、自分の方が道理にかなっていると思っても「自分の方が間違っている」と言って負けて引き下がるのも、気の使いようが早急過ぎる。

ただ、相手を言い負かさず、自分の間違いにもしてしまわず、何もないようにして止めてしまうのが好《よ》い。相手の言い分を耳に残さぬようにして忘れてしまえば、相手も同じように忘れて怒らないものである。第一の心得である。

6日 他人の非に手かくべからず

他人の非に手かくべからず。にくむこころにて、人の非をみるべからず。他の非と我が是《ぜ》と見ざれば、自然に上敬い、下恭むの、むかしのことばあり。またひとの非をならうべからず、わが徳を修すべし。ほとけも非を制することあれども、にくめとはあらず。

「重雲堂式」

【訳】他人の欠点をあげつらってはいけない。また、憎しみの心で人の欠点を見てはならない。昔の言葉に「他人の欠点を見ず、自分の良いところを見なければ、自ずと上の人も下の人も敬《うやま》うようになる」とある。

また、人の悪事をまねてはならず、むしろ自分の徳を修《おさ》めるべきである。仏も人の欠点を注意することはあっても、憎めとは言っていない。

7日 容易にせしは不是《ふぜ》なり

参学の雲水かならず勤学《きんがく》なるべし、容易にせしは不是《ふぜ》なり、勤学なりしは仏祖なり。

『正法眼蔵』「心不可得」

【訳】学道に邁進《まいしん》する雲水は、仏祖の道を真剣に修行し勤めなければならない。安易な考えで取り組んではならない。仏祖の道に真剣に懸命に取り組み修行し勤めたのが仏祖なのである。

8日 聡明利智《そうめいりち》の能《よ》く解《げ》する所に非ず

仏法は聡明利智《そうめいりち》の能《よ》く解《げ》する所に非ず。亦《また》、不聡明不利智の堪忍《かんにん》する所に非ず。

『永平広録』巻五　上堂381

【訳】仏法は、頭が良く、物事の理解力が優《すぐ》れているからといってよく理解されるものとはかぎらない。だからと言って、聡明でなく、利智《りち》でないものが仏法を理解し伝《でん》持《じ》しうるかというとそれも難しいことである。

9日　看経請益《かんきんしんえき》は、家常の調度なり

仏祖の屋裏に、承当あり、不承当ありといえども、看経請益《かんきんしんえき》は、家常の調度なり。

『正法眼蔵』「看経」

【訳】仏祖の堂奥の真意には、それを会得《えとく》できるもの（承当）、会得できないものもあるが、看経《かんきん》（経典を看読することによって真実に参入する）と請益《しんえき》（師から教えを受けること）とは、仏者にとって日常になくてはならない調度《ちょうど》品である。

10日　春風に　我《わが》ことの葉の　ちりけるを

春風に　我《わが》ことの葉の　ちりけるを
花の歌とや　人の見るらん

『傘松道詠』「草庵雑詠集」

【訳】春風が花を散らしているのに感じて、その思いを詠《よ》むと、花の歌でも詠んだのであろうと、人は見るであろう。が、春風が吹けば、咲いた花も散る。同時に歌となったわが言《こと》の葉も散る。それは無情説法の真実の道理なのである。

11日　無道心にして人に有道《うどう》と思われん、是れを能々《よくよく》慎むべし

夜話《やわ》に曰《いわ》く、唐の太宗《たいそう》の時、魏徴《ぎちょう》奏して曰く、「土民、帝を謗《ぼう》ずる事あり」と。

帝の曰く「寡人仁《かじんじん》あって人に謗ぜられば愁《うれい》と為《な》すべからず。仁無くして人に褒《ほめ》られば是れを愁うべし」と。

俗なお是《かく》のごとし。僧は尤《もっと》もこの心有るべし。慈悲あり、道心ありて愚癡人《ぐちにん》に謗ぜられ譏《そし》られるはくるしかるべからず。無道心にして人に有道《うどう》と思われん、是れを能々《よくよく》慎むべし。

『正法眼蔵随聞記』巻三

【訳】夜話《やわ》に言われた。唐《とう》の太宗《たいそう》の時、魏《ぎ》徴《ちょう》が太宗に「人民が陛下を非難しております」と申し上げた。

太宗は「わたしに仁徳があって、人民に非難されるならば心配はいらぬ。もし、仁徳も無いのに人からほめられるならば、それは心配しなくてはならぬ」と言われた。

世間の人でもこの通りである。仏弟子たる者は特にこの気概《きがい》がなければならぬ。慈悲心もあり、仏道にはげむ心もあるのに、愚かな人々に悪口を言われ、非難されるのは何もさしつかえない。道心もないのに、人から道心のある人だと思われるのはよくよく用心しなければならない。

12日 徳の顕《あら》わるるに三重あるべし

徳の顕《あら》わるると云《い》うも、財宝に饒《ゆたか》に、供《く》養《よう》に誇るを云《い》うにあらず。徳の顕わるるに三重あるべし。先《ま》ず、その人、その道を修するなりと知らるるなり。次には、その道を慕う者出来《いできた》る。後にはその道を同じく学し同じく行ずるなり。是れを道悳《とく》の顕《あら》わるると云うなり。

『正法眼蔵随聞記』巻三

【訳】徳が外にあらわれるというのは、財宝を豊かに持って、人々から供養されることが多いといって得意になるのを言うのではない。徳が外にあらわれるには三段階ある。第一には、あの人は、仏道修行をしている人なのだと人に知られることである。第二には、その人が行っているその道を慕《した》って、ついてくる人が出てくることである。第三には、その人たちとその道を一緒に学び、同じように修行するようになることである。このようなことが、仏道の徳が外に顕《あらわ》れたというのである。

13日 仏意《ぶつい》に随《したが》って死なんと思う心を

後の事、明日《あす》の活計を思って捨つべき世を捨てず、行《ぎょう》ずべき道を行ぜずして、あたら日夜を過ごすは口惜《くちお》しき事なり。ただ思い切って、明日の活計なくば飢え死にもせよ、寒《こご》え死にもせよ、今日一日道を聞いて仏意《ぶつい》に随《したが》って死なんと思う心を先《ま》ず発《おこ》すべきなり。

『正法眼蔵随聞記』巻三

【訳】将来のこと、明日の生活の仕方を考えて、捨てるべき世を捨てず、修行すべき仏道を修行せず、空《むな》しく、大事な日夜を過ごすのは残念なことである。ただ、覚悟して、明日の生活のめどがたたないなら、餓《う》え死にしても、凍《こご》え死にしてもよい、とにかく今日一日、仏の道を聞いて、仏の心にしたがって死のうと思う心を、まずおこすべきである。

14日　貪《とん》惜《じゃく》貪《とん》求《ぐ》の二《ふたつ》をだにもはなるれば

　貪惜貪求《とんじゃくとんぐ》の二《ふたつ》をだにもはなるれば、両頭《りょうとう》倶《とも》に失《しつ》無からん。但《ただ》し、やぶれたるをつづりて、久しからしめて、あたらしきを貪《むさぼ》らずんば可なり。

『正法眼蔵随聞記』巻三

【訳】（着衣については）それに執着し惜しむ心（貪惜《とんじゃく》）と、むさぼり求める心（貪求《とんぐ》）の二つをなくせば、破衣でいようが、新衣でいようとも両方とも欠点とはならない。ただ、破れた衣は手当てをしてなるべく長く着るようにし、新しいのをむやみにほしがらぬのがよい。

15日　人々《にんにん》尽《ことごと》く衝天《しょうてん》の志有り

　人々尽《にんにんことごと》く衝天《しょうてん》の志有り。但《ただ》、如来明処《にょらいめいしょ》に向かって明《あき》らむべし。

『永平広録』巻一　上堂40

【訳】諸君はみな、仏道修行にたいする熱い情熱をもっている。その士気をもって釈尊の悟られた境涯《きょうがい》を究めなければならない。

16日 先《ま》ず我見《がけん》を離るべし

学人の第一の用心は、先《ま》ず我見《がけん》を離るべし。我見を離ると云《い》うは、此《こ》の身を執《しゅう》すべからず。

『正法眼蔵随聞記』巻五

【訳】仏法を学ぶ人の第一の心得は、まず我見《がけん》をすてることである。我見をすてるとは、この自分の身に執着しないということである。

17日 智者もの知りとしられては無用なり

学道の人、世間の人に、智者もの知りとしられては無用なり。『正法眼蔵随聞記』巻三

【訳】仏道を学ぶ人が、世間の人に、智者だのもの知りだなどと知られるのはいらぬことである。

18日 大弁《だいべん》は訥《とつ》せるが若《ごと》く

大弁《だいべん》は訥《とつ》せるが若《ごと》く、大巧《だいこう》は拙《せつ》なるが若し。

『永平広録』巻六 上堂419

【訳】真に優れた弁舌《べんぜつ》は訥弁《とつべん》のように聞こえ、真に巧妙《こうみょう》なのは稚拙《ちせつ》で素朴に聞こえるものである。

19日 今日《きょう》の和羅《わら》、昨日《さくじつ》の如《ごと》し

今日《きょう》の和羅《わら》、昨日《さくじつ》の如《ごと》し。薫風《くんぷう》の気味《きみ》春《しゅん》風《ぷう》に似たり。

『永平広録』巻二 上堂173

【訳】今日使った食器（和羅《わら》・応量器）は、昨日ご飯をいただいた食器と同じものだ。そのように日常生活は少しも変わらぬが、そこに盛られた飯は、昨日と同じく（昨日もそうだったが）薫風《くんぷう》にさそわれ、その香りは春風のようだ。

20日 しずかに思量《しりょう》すべし

しずかに思量《しりょう》すべし、いまこの生《しょう》、および生と同生せるところの衆法《しゅほう》は、生にともなりとやせん、生にともならずとやせん。一時一法としても、生にともならざることなし、一事一心としても、生にともならざるなし。

『正法眼蔵』「全機」

【訳】静かに考えて(思量《しりょう》)みるがよい。いま生きていて、この生とともにおこる様々なことは、この生に伴《ともな》っておきているのであろうか、あるいはこの生とは別なものなのであろうか。それはいわずもがな、いついかなることであっても、この生ととっもでないことはない。どのような時のどのような思いも、ひとつとしてこの生と決して別なものではない。

21日　心《しん》と眼《げん》と皆相似《かいそうじ》というは

心《しん》と眼《げん》と皆相似《かいそうじ》というは、心は心に相似なり、眼は眼に相似なり。相似は心眼なり。
『正法眼蔵』「古鏡」

【訳】心と眼がみな相似《あいに》ているというのは、心は心に似ているのであり、眼は眼に似ているということである。相似ているのは心と眼なのであるから、それは自分が真実の自分に出会うことである。

22日　すなわち師の道《どう》にあり

いまこの万像は、なに物《もの》とあきらめざるに、たずぬれば鏡を鋳成《じゅじょう》せる証明、すなわち師の道《どう》にあり。
『正法眼蔵』「古鏡」

【訳】いま、ここに映し出されている諸々のすがたは、何ものとも明らかではないが、ともあれ鏡に映せばその姿を現す。すなわち、その真実の姿こそが師の道わ《い》んとするところである。

23日　一期《いちご》は夢のごとし

一期《いちご》は夢のごとし。光陰《こういん》移り易《やす》し。露《つゆ》の命は待ちがとうして、明《あく》るを知らぬならいなれば、ただ暫《しばら》くも存じたるほど、聊《いささ》かの事につけても人のためによく、仏意に順《したが》わんと思うべきなり。

『正法眼蔵随聞記』巻四

【訳】人の一生は夢のようなもので、月日はまたたく間に過ぎ去ってゆく。はかない露《つゆ》の命は夜明けをまっても夜の明けるのを知らずに消えてしまうのがならいである。ただ、しばらくでもこの世に生きている間に、ほんの僅《わず》かでも人のためになることをして、仏の心にしたがおうと思うべきである。

24日　仏道をもとむるには

仏道をもとむるには、まず道心をさきとすべし、道心のありよう、しれる人まれなり、あきらかにしれらん人にとうべし。

『正法眼蔵』「道心」

【訳】仏道を求める時は、まず道心（仏道を求め、涅槃《ねはん》のさとりに向って精進しようとする心）を第一としなければならない。が、道心のありようを知る人は稀《まれ》であるから、よく知っている人に問わねばならない。

25日 菩提心《ぼだいしん》を拈来《ねんらい》するというは

おおよそ発菩提心《ほつぼだいしん》の因縁、ほかより拈来《ねんらい》せず、菩提心を拈来して発心《ほっしん》するなり。菩提心を拈来するというは、一茎草《いっきょうそう》を拈じて造仏し、無根樹を拈じて造経するなり。

『正法眼蔵』「発無上心」

【訳】およそ、菩提心《ぼだいしん》を発《おこ》す因縁は、外から持ってくるものではない。それは、ただ菩提心をもって発心《ほっしん》するのである。菩提心を持ってくるというのは、一茎《いっきょう》の草をとって仏となし、根のない樹をもって経となすことである。

26日 一等に他《かれ》と精勤弁道《しょうごんべんどう》す

竟日通夜《ひねもすよもすがら》、物来《ものきた》りて心に在《あ》り、心帰《き》して物に在《あ》らしめ、一等に他《かれ》と精勤弁道《しょうごんべんどう》す。

『典座教訓』

【訳】典座《てんぞ》は、昼となく夜となく、食事の材料が自分の心に入りこんで離れず、あるいは心をその材料に注いで離れないように、心と食べ物と一体になり、精魂《せいこん》をこめてその職務に精進《しょうじん》し修行するのである。

〔注〕典座…禅宗寺院で財政運営を担当する六知事の役職の一つ、後年は修行僧の食事を担当した。

27日 透脱《とうだつ》というは

諸仏の大道、その究尽《ぐうじん》するところ、透脱《とうだつ》なり、現成《げんじょう》なり。その透脱というは、あるいは生《しょう》も生を透脱し、死も死を透脱するなり。

『正法眼蔵』「全機」

【訳】諸仏の大道というのは、それを究め尽くしてみれば、全てにわたってどこまでも透きとおって（透脱《とうだつ》）いて、その全てが眼前に明々白々に現れている。透脱というのは、生は生そのものを透脱し、死は死そのものを透脱しているのである。

28日 生は全機現《ぜんきげん》なり、死は全機現なり

生《しょう》は来《らい》にあらず、生は去《こ》にあらず。生は現《げん》にあらず、生は成《じょう》にあらざるなり。しかあれども、生は全機現《ぜんきげん》なり、死は全機現なり。

『正法眼蔵』「全機」

【訳】生《しょう》は外から来るものでもなく、去るものでもない。生は現れるものでも成立するものでもない。しかしながら、生は、そのはたらきの全てが現れる（全機現《ぜんきげん》）のであり、死もまたそのはたらきの全てが現れるのである。

【注】四月二九日の項と〔注〕参照。

29日 全機《ぜんき》するにはあらざるなり

尽大地《じんだいち》・尽虚空《じんこくう》、ともに生《しょう》にもあり、死にもあり。しかあれども、一枚の尽大地《じんだいち》、一枚の尽虚空《じんこくう》を、生にも全機《ぜんき》し、死にも全機するにはあらざるなり。一にあらざれども異にあらず、異にあらざれども即にあらず、即にあらざれども多にあらず。このゆえに、生にも全機現《ぜんきげん》の衆法《しゅほう》あり、死にも全機現の衆法あり。

『正法眼蔵』「全機」

【訳】大地の全体、虚空《こくう》の全体は、全て生ける時にも死せる時にもある。しかしながら、一つの大地全体、虚空の全体に、生の全機能がはたらき、死にその全機能のはたらきが現れるわけではない。生と死は一つではないが、別なものでもない。別なものではないが、同じものではない。同じものではないが、雑多ではない。そのゆえに生にも死にも種々様々な事象《じしょう》があるのである。

【注】全機…機ははたらき、機用のこと。この場合は、生死のいずれも仏の全ての現れをいう。また禅者の自在な活動をもいう。

30日 内外《ないげ》にくもりなしというは

このかがみ、内外《ないげ》にくもりなしというは、外《げ》にまつ内《ない》にあらず、内にくもれる外にあらず。面背あることなし。両箇おなじく得《とく》見《けん》あり。心《しん》と眼《げん》とあいにたり。相似《そうじ》というは、人の人にあうなり。　『正法眼蔵』「古鏡」

【訳】この鏡は、内にも外にも曇りがないというのは、外のものを映す内面があるとか、内に影が映ったから外面があるなどというのではない。鏡の面と鏡の背があるのでもない。どちらも同じものをよく見ているということである。それは心と眼に似ている。相似《あいに》たりとは人が人に会うことである。

5月

作す事の難きにはあらず、
よくする事の難きなり

1日　身心を脱落《だつらく》するに面授《めんじゅ》を保任《ほにん》することありて

道元、大宋宝慶《ほうきょう》元年乙酉五月一日、はじめて先師天童古仏を礼拝面授《めんじゅ》す。やや堂奥《どうおう》を聴許《ちょうこ》せらる。わずかに身心を脱落《だつらく》するに面授を保任《ほにん》することありて、日本国に本来せり。

『正法眼蔵』「面授」

【訳】道元《わたし》は、宋の宝慶《ほうきょう》元年（一二二五）五月一日、はじめて先師天童古仏を礼拝し、面授《めんじゅ》（師と弟子とがまのあたり対面して仏祖の命脈に通ずること）をえた。その後、師の堂奥《どうおう》に随時入室を許され、いささか身心を脱落した。そして、この面授を保持して、日本に帰国した。

2日　峰の色　谷の響《ひびき》も皆ながら

峰の色　谷の響《ひびき》も　皆ながら
吾が釈迦牟尼《しゃかむに》の　声と姿と

『傘松道詠集』

【訳】季節ごとの峰の色の変化も、谷川に響きわたる水音も、それら全てが釈迦牟尼《しゃかむに》仏《ぶつ》の御声であり、その御姿なのである。

3日　説心説性《せっしんせっしょう》は仏道の大本なり

説心説性《せっしんせっしょう》は仏道の大本なり、これより仏仏祖祖を現成《げんじょう》せしむるなり。説心説性にあらざれば、転妙法輪《てんみょうほうりん》することなし、発心《ほっしん》修行することなし、大地有情同時成道することなし、一切衆生無仏性することなし。

『正法眼蔵』「説心説性」

【訳】説心説性《せっしんせっしょう》こそは仏道の大本である。そこから仏々祖々たちが現れてくる。説心説性でなければ、仏の説法はありえない。菩提心《ぼだいしん》をおこして発心《ほっしん》修行することもありえない。また大地も有情も同時に仏道を成《じょう》就《じゅ》するということもありえない。さらに全ての人々（一切衆生《いっさいしゅじょう》）に仏性がないなどということも言いえない。

【注】説心説性…心または性を恒常的に固定な概念としてとらえ、「説心説性」を「心を説き性を説く」と解釈し、それから離脱することを主願としたのが従来の禅宗的な考え方であった。が、道元は「説心説性」を心・性を無常のものと流動的に把握し「心と説き、性と説く」と読み心即性（仏性）即説（行証）として、その道理に体達することであるとして、心性の分別心を抛《な》げすてるとした旧来の見解を否定した。そして、その「説心説性」の真実を「仏道の大本」とし、これこそが「七仏祖師《しちぶつそし》の要機《ようき》」としている。

4日 内徳《ないとく》無うして、人に貴びらるべからず

真実内徳《ないとく》無うして、人に貴びらるべからず。この国の人は、真実の内徳をば、さぐりえず、外相《げそう》をもて、人を貴ぶほどに、無道心の学人は、即《すなわ》ちあしざまにひきなされて、魔の眷属《けんぞく》と成るなり。

『正法眼蔵随聞記』巻三

【訳】真実《ほんとう》に、自分の内に修めた徳もないのに、人に崇《あが》められてはならない。我が国の人は、内なる徳を探り得ず、外面だけで人を崇めるために、道心のない修行者はすぐに悪道に引きこまれ、仏道を妨げる魔の仲間（眷属《けんぞく》）になってしまう。

5日 作《な》す事の難きにはあらず

作《な》す事の難きにはあらず、よくする事の難きなり。

『正法眼蔵随聞記』巻四

【訳】実践することが難しいのではなく、それを見事に実践しやりとげることが難しいのだ。

6日　諸物《しょぶつ》これ証なり

諸仏《しょぶつ》これ証なるゆえに、諸物これ証なり。

『正法眼蔵』「画餅」

【訳】諸々《もろもろ》の仏たちは悟りそのものであるから、諸々の事物も悟りそのものである。

7日　一法通《ぼうつう》これ万法通《まんぼうつう》なり

通をして通の礙《げ》なからしむるに、一通これ万通なり。一通は一法なり、一法通《ぼうつう》これ万法通《まんぼうつう》なり。

『正法眼蔵』「画餅」

【訳】相い通ずることに何の妨《さまた》げもなくてこそ、一つに通ずることがそのまま全てに通ずるのである。一つに通ずるということは一つの物事に通ずることであり、一つの物、一つの事に通ずることが、それこそが全ての物ごとに通ずることである。

8日　「画餅《がびょう》」というは

「画餅《がびょう》」というは、しるべし、父母所生《ぶもしょしょう》の面目あり、父母未生《ぶもみしょう》の面目あり。

『正法眼蔵』「画餅」

【訳】画餅《がびょう》というのは、父母によって生まれたこの自分の姿であり、あるいは父母の未生《みしょう》以前の本来あるがままの姿なのである。

【注】画餅…絵に画いた餅、文字・言句をたとえていう。画餅は飢には役立たぬが、これを一切の存在が空によって現成した絶対の事実の意に転釈する。

9日　至誠《しせい》により、信心によるなり

髄《ずい》をうること、法をつたうること、必定《ひつじょう》して至誠《しせい》により、信心によるなり。誠信《せいしん》はほかよりきたるあとなし、内よりいずる方《かた》なし。ただまさに法をおもくし、身をかろくするなり。

『正法眼蔵』「礼拝得髄」

【訳】仏祖の神髄を得て仏法を伝えることは、必ず至誠《しせい》の心、信心による。誠の心、信ずる心というのは、外からくるものでも内から出るものでもない。それはただまさに仏法を重んじ、身をかるくするところにある。

10日　自己の所見を自己の所見と

自己の所見を自己の所見と決定《けつじょう》せざるのみにあらず、万般《ばんぱん》の作業に参学すべき宗旨《しゅうし》あることを一定《いちじょう》するなり。

『正法眼蔵』「坐禅箴」

【訳】自分の考えるところをもって、他に考えようはないなどと思ってはならない。のみならず、さまざまな営みにもいろいろと学ぶべきことがあると確認しなければならない。

11日　仏をみるに仏をしらず

しるべし。仏をみるに仏をしらず会《えい》せざるがごとく、水をみるをもしらず、山をみるをもしらざるなり。眼前の法さらに通路あるべからずと倉卒《そうそつ》なるは、仏学にあらざるなり。

『正法眼蔵』「坐禅箴」

【訳】よく知らねばならない。仏に出合っても仏が分からず会得《えとく》できず、水をみても山をみてもその何たるかも分からない。それはただ眼前に見るところのほかには通路はない、など即断し結論するからである。それでは、仏法を学ぶことにはならない。

12日 生というは、例えば人の舟にのれるときのごとし

生というは、例えば人の舟にのれるときのごとし。この舟は、われ帆《ほ》をつかい、われかじをとれり、われ竿《さお》をさすといえども、舟われをのせて、舟のほかにわれなし、われ舟にのりて、この舟をも舟ならしむ、この正当恁麼時《しょうとういんもじ》を功夫《くふう》参学すべし。この正当恁麼時は、舟の世界にあらざることなし、天も水も岸も、みな舟の時節となれり、さらに舟にあらざる時節とおなじからず。このゆえに、生はわが生ぜしむるなり、われをば生のわれならしむるなり。

『正法眼蔵』「全機」

【訳】 生というのは、たとえていえば、人が舟に乗った時のようなものである。この舟は、自分で帆をつかい、舵《かじ》をとり、自分が棹をさすのだが、舟は自分を乗せていて、舟の外に自分はいない。つまり、自分が舟に乗って、舟を舟たらしめているのである。まさに、その時（正当恁麼時《しょうとういんもじ》）のことをよく考えて修行に専心すべきである。まさに、この時は、全てが舟の世界でないことはない。天も水も岸も全てが舟の存在となっている。それと同じように、この生は自分が生きていると同時に、またこの生が自分を自分たらしめているのである。

13日 即心是仏《そくしんぜぶつ》

即心是仏《そくしんぜぶつ》とは、発心《ほっしん》・修行《しゅぎょう》・菩提《ぼだい》・涅槃《ねはん》の諸仏なり。いまだ発心・修行・菩提・涅槃せざるは、即心是仏にあらず。たとい一刹那《せつな》に発心修証するも、即心是仏なり。たとい一極微《ごくみ》中に発心修証するも即心是仏なり。たとい無量劫《むりょうこう》に発心修証するも、即心是仏なり。たとい一念中に発心修証するも、即心是仏なり。たとい半拳裏《はんけんり》に発心修証するも、即心是仏なり。しかあるを、長劫《ちょうごう》に修行作仏《さぶつ》するは即心是仏にあらずというは、即心是仏をいまだ見ざるなり、いまだしらざるなり、いまだ学せざるなり。

『正法眼蔵』「即心是仏」

【訳】即心是仏《そくしんぜぶつ》というのは、菩提心《ぼだいしん》をおこし（発心《ほっしん》）修行《しゅぎょう》し、悟りをひらき（菩提）涅槃《ねはん》に入った諸仏にほかならない。いまだ発心・修行・菩提・涅槃しないのは、即心是仏ではない。たとえ、一刹那《せつな》、小さな微塵《みじん》の中の短時間でも、無量の長い年月、一念の中、片手の拳の中に発心修証《しゅしょう》しても即心是仏である。それなのに、永《なが》い永い間（長劫《ちょうごう》）にわたたって修行して仏となるのは即心是仏ではないなどというのは、即心是仏の真の意義を未だに見ないもの、それを知らぬものであり、学ばぬものである。

14日　坐禅は習禅《しゅうぜん》にはあらず

坐禅は習禅《しゅうぜん》にはあらず、大安楽の法門なり、不染汚《ふぜんな》の修証なり。究尽菩提《ぐうじんぼだい》の修証《しゅしょう》なり。公桉現成《こうあんげんじょう》し、羅籠《らろう》いまだ到《いた》らず。

『永平広録』巻八『普勧坐禅儀』

【訳】坐禅は、坐禅を悟りを得るための手段とするような修習の坐禅ではない。それは全ての思慮分別《しりょふんべつ》を超えた大いなる安楽の法門である。分別智をもって汚されていない、清浄なる絶対の修行であり証《さとり》である。悟りを極め尽くした修即証の姿である。禅の要諦《ようてい》が全現し、身心の安らぎを妨げる煩悩や妄想（羅籠《らろう》）などありようがない。

15日　山の運歩《うんぽ》は、人の運歩のごとくなる

山の運歩《うんぽ》は、人の運歩のごとくなるべきがゆえに、人間の行歩《ぎょうほ》におなじくみえざればとて、山の運歩をうたがうことなかれ。

『正法眼蔵』「山水経」

【訳】山が歩くといえば、人が歩くように見えなくてはならないのだが、山が歩くのは、人が歩くのと同じように見えないからといって、山が歩くことを疑ってはならない。

16日　自己の運歩《うんぽ》をもいまだしらざるなり

山の運歩《うんぽ》を疑著《ぎじゃく》するは、自己の運歩をもいまだしらざるなり、自己の運歩なきにはあらず、自己の運歩いまだしられざるなり、あきらめざるなり。自己の運歩をしらんがごとき、まさに青山の運歩をもしるべきなり。

『正法眼蔵』「山水経」

【訳】山が歩くという事実を疑うものは、自分自身が歩くという事実を今だに認識していないのである。実は自分自身は歩いているのだが、自分自身を見失っているので、真の自分の運歩《うんぽ》がどのようなものであるのかを、知らず分からず、解明できないのである。自分の運歩の真実がわかれば、本来的に自分と青山は一つであるから、青山の運歩の何たるかも知ることができる。

17日 果報《かほう》もよく、家をもも起こす人は

世人《せじん》を見るに、果報《かほう》もよく、家をも起こす人は、皆《みな》正直に、人のためにもよきなり。故に家をも持《たも》ち、子孫までも絶えざるなり。心に曲節あり、人のためにあしき人は、たとい一旦《いったん》は果報もよく、家もたもてるようなれども、始終あしきなり。たといまた一期《いちご》は、よくてすぐせども、子孫未《いま》だ必ずしも吉《きち》ならざるなり。

『正法眼蔵随聞記』巻四

【訳】世間の人を見ると、果報《かほう》にも恵まれ、その家を盛んにする人は、みな正直で、人のためにもよくつくす人である。だから、一家は安泰《あんたい》で、子孫も絶えないのである。心がひねくれていて、人のために悪事をする人は、たとえ一時は果報に恵まれ、家を維持しているようでも、しまいには良いことはない。たとえ、その人一代の間は恵まれても、子孫は必ずしも幸せにはならない。

18日

真《まこと》に人のため善《よ》きとは云《い》うなり

　また人のために善《よ》き事を為《な》して、彼《か》の主《ぬし》に善しと思われ、悦《よろこ》びられんと思うてするは、悪《わろ》しきに比すれば勝《すぐ》れたれども、なお是《こ》れは自身を思うて、人のために実《まこと》に善きにあらざるなり。主には知られずとも、人のために、うしろやすく、乃至《ないし》未来の事、誰《た》がためとも思わざれども、人のためによからん料《りょう》の事を作《な》し置きなんどするを、真《まこと》に人のため善きとは云《い》うなり。

『正法眼蔵随聞記』巻四

【訳】また、人のために善《よ》い事をしても、その相手の人から善いことをしてもらったと思われ、喜ばれようと思ってするのは、悪事をすることに比べれば勝っているが、やはり、これは自分のことを考えて人のためにしているので、本当に善いことをしているのではない。当の本人には気づかれなくても、その人のために後の心配のないように考えて、また将来についても、誰のためとも思わずに、人のためになるようなことをしておくのを、本当の意味で、人のために善いことをする、というのである。

19日 結跏趺坐《けっかふざ》、これ三昧王三昧《ざんまいおうざんまい》なり

あきらかにしりぬ、結跏趺坐《けっかふざ》、これ三昧《ざんまい》王三昧《おうざんまい》なり、これ証入なり、一切の三昧は、この王三昧の眷属《けんぞく》なり。

『正法眼蔵』「三昧王三昧」

【訳】明らかに知ることができる。結跏趺《けっかふ》坐《ざ》こそが、三昧《ざんまい》の中で最も大事な三昧であり、悟りそのものである。全ての三昧というのは、この三昧に所属するものである。

【注】三昧…禅門では、坐禅のことをいう。坐禅は本来の自己の具現であるから、諸三昧はこの坐禅の上に派生した眷属であるとし、坐禅は、諸三昧中の王として王三昧、仏道の正門とされる。

20日 不言《ふげん》は不道にはあらず

不言《ふげん》は不道にはあらず、道得《どうとく》は言得《げんとく》にあらざるゆえに。

『正法眼蔵』「海印三昧」

【訳】言葉で表現しない（不言《ふげん》）というのは、言えない（不道）ということではない。つまり、仏道は言葉で表現されたことばかりではないからである。

【注】不言・不道…言・道はともに「いう」の意だが、前者は言葉で表現する意、後者は言うの意。道得は仏道の真理を理解し行ずること。仏祖の全身心のはたらきそのものともいう。

21日　道得《どうとく》を知り得《え》るや

学道《がくどう》は須《すべか》らく道得《どうとく》、道不得《どうふとく》を知るべし。若《も》し諸人《しょにん》、道得を知り得《え》るや也《ま》た未だしや。若し也《また》、知らざれば、応当《まさ》に弁取《べんしゅ》すべし。

『永平広録』巻三　上堂211

【訳】仏道を学ぶには、まず、言葉で言い得ること、言葉では言い得ないところがあることを知る必要がある。諸君、言葉で言い得るとはどういうことか知っているか、もし知らなければ、その点をよく弁《わきま》えねばならない。

【注】五月二〇日の項参照。

22日　和尚《おしょう》、何《いか》なる奇特《きとく》の事《じ》を見る

和尚《おしょう》、何《いか》なる奇特《きとく》の事《じ》を見る、と問わば、他《かれ》に向かって道《い》わん、昨日の出入息《しゅつにゅうそく》、今朝《こんちょう》、亦《また》、出入す、と。

『永平広録』巻六　上堂444

【訳】「和尚は、どのようなとてつもない仏法の真実（奇特の事）を見たのか」と、問うものがあれば、彼に向かって「昨日、息をしていたが、今日もまた同じ息をしていることだ（日常のあるがままの茶飯事がそれだ）」と答えよう。

23日 本来無一物《ほんらいむいちもつ》と道《い》うも

直え、本来無一物《ほんらいむいちもつ》と道《い》うも、還《かえ》って遍界《へんがい》の曽《かつ》て蔵《かく》れざるを看《み》る。

『永平広録』巻一　上堂53

【訳】たとえ、あらゆるものの真実のすがたには、本来執すべきものは一つもない、と言っても、あたりを見わたしてみると世界中どこにでも、ありとあらゆるものがその姿を隠すことなく現われているではないか。

24日 貪名愛利《とんみょうあいり》のなかに

貪名愛利《とんみょうあいり》のなかに、仏法あらましと強《ごう》為《い》するは、小量の愚見なり。

『正法眼蔵』「行持・上」

【訳】名誉をむさぼり、利益を愛する人々が、その名利の中にこそ仏法があるなどと強弁するのは、真に小さな偏屈《へんくつ》な愚論《ぐろん》である。

25日　生前《せいぜん》に名利《みょうり》をなげすて

生前《せいぜん》に名利《みょうり》をなげすてて、一事を行持《ぎょうじ》せん、仏寿長遠《じょうおん》の行持なり。

『正法眼蔵』「行持・上」

【訳】生前《せいぜん》に名誉だとか利益の欲を投げ捨てて、一事を行持《ぎょうじ》し続ければ、それこそが永遠なる仏法久住《くじゅう》であるからこそ、真の久《く》遠《おん》なる行持である。

【注】行持…行は修行、持は護持し持続すること。仏祖の大道を修行し、その究竟道に至っても退転することなく修行し持続し倦怠しないこと。

26日　仏性《ぶっしょう》は成仏《じょうぶつ》以後の荘厳《しょうごん》なり

だれか道取する、仏性《ぶっしょう》かならず成仏《じょうぶつ》すべしと、仏性は成仏以後の荘厳《しょうごん》なり。さらに成仏と同生同参する仏性もあるべし。

『正法眼蔵』「柏樹子」

【訳】いったい、誰が仏性《ぶっしょう》あるものは必ず成仏《じょうぶつ》すると道《い》う（道取）のであろうか。仏性というのは、成仏という覚知《かくち》があってこそはじめて以後に美しき荘厳《しょうごん》となるのである。さらにいえば、成仏と同時に生ずることも、同時に参学することもあるのである。

27日　一偈《げ》単伝《たんでん》、是《これ》、本孝《ほんこう》

仏祖甚深最妙《じんじんさいみょう》の旨は、猶《なお》、今の夢の先より覚むること無きが如し。弟兄《でいひん》は仏口所生《ぶっくしょしょう》の子《し》、一偈単伝《げたんでん》、是《これ》、本孝《ほんこう》。

建長三年（一二五一）五月二七日

『永平広録』巻六　上堂435

【訳】道元は、師であった仏樹房明全《ぶつじゅぼうみょうぜん》和尚の二七回目の忌日の上堂《じょうどう》の最後に次のように述べて供養《くよう》された。

仏祖の本当に勝れた深い宗旨というのは、夢というものは、現実には必ず覚めるものであるが、理想の夢がそのまま現実となって覚めないようなものである。阿難尊者《あなんそんじゃ》も迦葉《かしょう》尊者もともに、釈尊の教説から生まれた真実の仏法の子らである。その子らが、そのすぐれた一偈を、仏祖から仏祖へ純粋に相伝したように単伝すること、そのことこそが真実の「孝」というものである。

【注】仏樹和尚…道元の師匠で、栄西（一一四一―一二一五）の法嗣である仏樹房明全（一一八四―一二二五）のこと。明全は、貞応二年（一二二三）二月、道元・高照・廓然師等と入宋したが、宝慶元年（一二二五）五月二七日、天童山の了然寮で示寂された。本上堂は建長三年（一二五一）の五月二七日になされているので、この上堂は仏樹和尚の二七回忌に当たる。

28日 世間の人は、すなわち是れを貴き人

仏法の中にも、そぞろに身を棄《す》て、世をそむけばとて、棄つべからざる事を棄つるは非なり。此土《しど》の仏法者、道心者を立る人の中にも、身を棄てたるとて、人はいかにも見よと思って、ゆえなく身を悪く振る舞い、或は亦、世を執《しゅう》せぬとて、雨にも濡れながら行きなんどするは、内外ともに無益なるを、世間の人は、すなわち是れを貴き人、世を執せぬなんどと思えるなり。

『正法眼蔵随聞記』巻三

【訳】仏法に身をおく人の中には、むやみに身を棄て、世に従わぬなどといって、棄ててはならないものまで棄てるのは間違いである。我が国の中には、仏法者だ道心者だといって自分を世に売り込んでいる人の中にも、自分は身を棄てたのだから、世の人がどう見ようとかまわないと思って、わけもなくみっともない振る舞いをしたり、あるいは世に執着はないなどといって、傘もささず雨に濡れながら往来するなどは、内の修養にも外面的にも無益であるのに、世間の人は、それを見て、有り難く尊い人だ、世に執着しない素晴らしい人だなどと思っている。

29日 端坐《たんざ》参禅を正門《しょうもん》とせり

諸仏如来、ともに妙法を単伝して、阿耨《あのく》菩提《ぼだい》を証《しょう》するに、最上無為《むい》の妙術あり。これただ、ほとけ仏にさずけてよこしまなることなきは、すなわち自受用三昧《じじゅようざんまい》、その標準なり。この三昧に遊化《ゆけ》するに、端坐《たんざ》参禅を正門《しょうもん》とせり。

『正法眼蔵』「弁道話」

【訳】諸仏・如来は、いずれも素晴らしい仏祖正伝の仏法を師匠から弟子へと伝えて、究極の悟り（阿耨菩提《あのくぼだい》）を実証するのにあたっては、この上ない最高妙術をもってなされた。それは、仏が仏に授ける、絶対的な境涯、すなわち、仏が自在無碍《むげ》な境涯に浸りきったところ、つまり自受用三昧《じじゅようざんまい》が標準となる。この三昧に心にまかせて自在となるのは、端坐《たんざ》参禅（正しく坐って禅に参ずること）がその正しい入り口となる。

【注】自受用三昧…自受用とは功徳を受用して自ら味わうこと。三昧とはその境地に浸りきること。五月一九日の〔注〕参照。

30日 知りたる上にも、聖教《しょうぎょう》をまたまた見るべし

知りたる上にも、聖教《しょうぎょう》をまたまた見るべし、聞くべし。師の言《ことば》も、聞いたる上にも、聞きたる上にも、重《かさ》ね重《がさ》ね聞くべし。弥《いよいよ》深き心《こころ》有るなり。

『正法眼蔵随聞記』巻六

【訳】知っていても、なお経典を繰り返し見るのがよいし、聞くがよい。師の言葉も、聞いた上にも、何度も何度も繰り返し聞くがよい。ますます深い内容があるのを知ることになるからである。

31日 億千万劫《ごう》の参学を拈来《ねんらい》して

億千万劫《ごう》の参学を拈来《ねんらい》して、団欒《だんらん》せしむるは、八万四千の眼睛《がんぜい》なり。

『正法眼蔵』「眼睛」

【訳】限りなく永い間（億千万劫）の、ありとあらゆるものごとを参学してきた成果をとりまとめ、それをまろやか（団欒）に成就《じょうじゅ》させるのは、極めて多くのものの真実相を正確に照破《しょうは》する犀利《さいり》な眼睛《がんぜい》である。

【注】八万四千…無数の意。
眼睛…肝要の意。道元は、全世界が仏祖の眼睛であり、仏祖そのものと説示している。

6月

水鳥の　ゆくもかえるも　跡たえて
されども道は　わすれざりけり

1日 坐禅《ざぜん》を放下《ほうげ》して板《はん》鳴らさず

今朝《こんちょう》六月初《しょ》一自《よ》り、坐禅《ざぜん》を放下《ほうげ》して板《はん》鳴らさず。盛夏《せいか》に未《いま》だ抛《なげす》てず禅板《ぜんはん》の旧《ふる》きを。須《すべか》らく知るべし、伝法《でんぽう》し迷情《めいじょう》を救うことを。

『永平広録』巻七　上堂505

【訳】今朝《こんちょう》（建長四年〈一二五二〉）六月一日より、いつも坐禅《ざぜん》をする、その合図である禅板《ぜんはん》を鳴らさない。ただ、猛暑だからといって古い禅板を棄《す》てる坐禅をしないのではない。仏法を伝えるということは、迷える人々を救うことであることを決して忘れてはならない。

2日 時に梅雨は霖霖《りんりん》

仁治三年壬寅夏六月二日、夜三更四点、観音導利興聖宝林寺において示衆《じしゅ》す。時に梅雨は霖霖《りんりん》、簷頭滴滴《えんとうてきてき》、作麼生《そもさん》にか是れ光《こう》明《みょう》在る。大衆、未だ雲門の道に覷《しょ》破せらるることを免ぬがれず。

『正法眼蔵』「光明」

【訳】仁治三年（一二四二）壬寅、夏六月二日の夜、午前零時半頃（三更四点）、興聖寺にて「光明《こうみょう》」巻を大衆に説《と》いた。時に、雨は霖霖《りんりん》と降りしきり、軒端《のきば》の雨だれは止めどもなく流れていた。一体、光明はいずくにかある。今、聞いた諸君は、私が説いた雲門《うんもん》の商量《しょうりょう》に学ぶほかはない。

3日　仏道の参学、かならず勤学《ごんがく》すべし

仏道の参学、かならず勤学《ごんがく》すべし、転疎《てんそ》転遠《てんのん》なるべからず、これによりて光明《こうみょう》を学《がく》得《とく》せる作家《さっけ》まれなるものなり。

『正法眼蔵』「光明」

【訳】仏道の参学は、必ず精励にしなければならない。いい加減になおざりに疎遠《そえん》にしてはならない。疎遠にしてきた結果が、「光明《こうみょう》」というのは、照らすものと照らされるものの対立を絶して、尽十方界《じんじっぽうかい》が仏として現状することであることを体得して、修行者を功みに接得する師家（作家）が稀《まれ》となるのである。

4日　あだなる世に

あだなる世に、極めて不定《ふじょう》なる死期《しご》をいつまで、いきたるべしとて、種々の活計《かっけい》を案じ、剰《あまつ》さえ他人の為に、悪をたくみ思うて、徒《いたずら》に時光を過す事、極《きわめ》て愚《おろか》なる事なり。

『正法眼蔵随聞記』巻三

【訳】全く儚《はかな》い人生に、死期は定《さだ》めなく何《い》時《つ》やってくるか分からないのに、何時までも生きながらえると思って、様々な生き方《たくら》を考え、その上さらに、他人に悪事を企み、徒《いたずら》に虚《むな》しく時を過ごすのは、極《きわ》めて愚《おろか》なることである。

5日 学道の人は尤《もっと》も貧《ひん》なるべし

学道の人は尤《もっと》も貧《ひん》なるべし。世人《せじん》を見るに、財有る人は先《ま》ず嗔恚恥辱《しんいちじょく》の二難定《さだま》って来るなり。財有れば人是《こ》れを奪い取らんと欲《おも》う。我《われ》は取られじと欲《ほっ》するとき、嗔恚《しんい》忽《たちまち》に起る。あるいは之《こ》れを論じて問注《もんちゅう》対決に及び、遂には闘諍合戦を致す。是《か》くのごとくの間に、嗔恚起り恥辱来るなり。貧にして而《しか》も貪《むさぼ》らざる時は、先ずこの難《なん》を免《まぬが》る。安楽自在なり。

『正法眼蔵随聞記』巻四

【訳】仏道を学ぶ者は、特に清貧《せいひん》であるべきである。世間の人を見ると、財産を持っている人は、まず、怒りと恥辱《はずかしめ》の二つの難が必ずやってくる。財産があれば、他人はこれを奪い取ろうと思い、自分は取られまいと思うと、たちまち怒りが起こる。あるいはこれを言い争って訴訟対決（問注《もんちゅう》対決）になり、ついには争い、戦いをするに至る。このようにしている間に怒りが起こり、恥《ち》辱《じょく》を受けるのである。清貧にして物をむさぼらない時は、まずこの難《なん》をまぬかれる。身心ともに安楽で自在である。

6日 必ずしも、死ぬべきことを思うべし

学人は、必ずしも、死ぬべきことを思うべし。道理は勿論《もちろん》なれども、たとえば、その言《ことば》思わずとも、しばらく先《ま》ず光陰を、徒《いたずら》にすぐさじと思うて、無用の事をなして、徒に時をすぐさで、詮《せん》ある事をなして、時をすぐすべきなり。『正法眼蔵随聞記』巻三

【訳】仏道を学ぶ人は、必ず人間は死ぬことを考えなければならない。人は死ぬという道理は勿論《もちろん》だが、死を言葉で考えなくても、時間を無駄に過ごすまいと思って、無用なことをして日時を過ごさず、やりがいのあることをして、時間を使うべきである。

7日 田に種《う》え飯に摶《まろ》む家常《かじょう》の事《じ》

田に種《う》え飯に摶《まろ》む家常《かじょう》の事《じ》、明月清風《めいげつせいふう》一生に富《と》む。『永平広録』巻四　上堂340

【訳】初夏には田に稲を植え、秋には収穫し、米とし飯とするのが禅僧の日常事である。そこには、明月《めいげつ》も清々《すがすが》しい風も何の屈託《くったく》もなくあって、その一生は豊かである。

8日 有《う》はみな時なり

いわゆる有時《うじ》は、時すでにこれ有《う》なり、有はみな時なり。丈六金身《こんじん》これ時なり、時成るがゆえに時の荘厳光明《しょうごんこうみょう》あり。

『正法眼蔵』「有時」

【訳】いわゆる「ある時（有時）」というのは、時それ自体が既にそのままある存在としてあるということである。存在するもの全てが時であるということである。一丈六尺の黄金《こんじん》の仏身（釈尊《しゃくそん》）も時である。時であるからこそ光輝く光明《こうみょう》があるのである。

9日 親近《しんごん》する良縁まれなるものなり

大善知識《だいぜんちしき》、かならず人をしる徳あれども、耕道功夫《こうどうくふう》のとき、あくまで親近《しんごん》する良縁まれなるものなり。

『正法眼蔵』「行持・上」

【訳】優れた善知識（仏道の指導者）は、必ず人を見る徳を備えてはいるけれども、仏道を田畑を耕やすようにして弁道参学しようとする時、それを指導してくれる善知識に親しく教えを受ける良縁は稀《まれ》である。

〔注〕耕道功夫《こうどうくふう》…田畑を耕すように仏祖の大道を耕して菩提を得ることにたとえる。

10日 われに時あるべし

山をのぼり河をわたりし時に、われありき。われに時あるべし。われすでにあり、時さるべからず。時もし去来《こらい》の相《そう》にあらずば、上山の時は有時《うじ》の而今《にこん》なり。時もし去来の相を保任《ほにん》せば、われに有時の而今ある、これ有時なり。かの上山渡河の時、この玉殿朱楼《しゅろう》の時を呑却《どんきゃく》せざらんや、吐却《ときゃく》せざらんや。

『正法眼蔵』「有時」

【訳】山を登り、河を渡った時に、自分がいた（存在した）。と同時にそこに時があった。その自分がここにいるのだから、その時は去ったのではない。時にもし、去来（去ったり来たりする）の相《すがた》がないとするならば、山を登った時の「有時《うじ》」というのは「而今《にこん》」（現在）つまり現今の自己であるということになる。時が、もし去来の相を持っていても、自分自身に「あるとき」の今があるという、これこそが「有時《うじ》」の事実なのである。かの山を登り、河を渡った時は、この玉殿朱楼の時を呑み尽くし、また吐きださないことがあろうか。

11日 行持《ぎょうじ》の至妙は、不離叢林《ふりそうりん》なり

行持《ぎょうじ》の至妙は、不離叢林《ふりそうりん》なり、不離叢林は、脱落《だつらく》なる全語なり。

『正法眼蔵』「行持・上」

【訳】行持の最も重要なことは、「不離叢《ふりそう》林《りん》」つまり（禅僧の坐禅弁道する道場）を離れないことである。不離叢林であるからこそ、坐禅弁道が持続し、すべての言葉が脱落《だつらく》するのである。

【注】行持…仏祖の大道を修行し、究竟道に至っても退転することなく修行し持続し倦怠《けんたい》しないこと。護持すること。五月二五日の〔注〕参照。

12日 不離叢林《ふりそうりん》の行持《ぎょうじ》

不離叢林《ふりそうりん》の行持《ぎょうじ》、しずかに行持すべし、東西の風に東西することなかれ。

『正法眼蔵』「行持・上」

【訳】不離叢林《ふりそうりん》の行持《ぎょうじ》は、しずかに行持しなければならない。東の風がふけば東にゆれ、西の風がふけば西になびくように心をゆるがせてはてはならない。

〔注〕不離叢林…生涯にわたって叢林を離れず、日々専心に仏道を行ずること。道元は「仏祖の道得底（仏祖の全身心をあげてのはたらき）は一生不離叢林なり」（「道得」）とも説《と》いている。

13日　仏祖も諸縁なきにあらず

仏祖も諸縁なきにあらず、しかあれども
なげすてきたる。たといおしむとも、自佗
の因縁、おしまるべきにあらざるがゆえに。

『正法眼蔵』「行持・上」

【訳】仏祖にも種々様々な縁がないわけで
はない。しかし、仏祖はそれをすべて投げ
棄《す》ててきたのである。たとえ、惜《お》しまれる
縁であっても、自他の因縁は、それをいつ
までも惜しみ止められることはできないか
らである。

14日　されども道は　わすれざりけり

水鳥の　ゆくもかえるも　跡たえて
されども道は　わすれざりけり

『傘松道詠集』

【訳】水鳥は秋は南に、春は北へと帰る。
空にはその痕跡は少しも残さないが、水鳥
は決して自分の道を忘れない。己《おのれ》の本分を
見失うことはないのだ。

15日 その人に似ずして その風《ふう》を語ることなかれ

古人曰《いわ》く「その人に似ずしてその風《ふう》を語ることなかれ」と。言う心は、その人の悳《とく》を学ばず知らずして、その人の失《しつ》なるを、その人はよけれども、その事あしきなり、あしき事をよき人もすると思うべからず。ただその人の徳を取り、失を取ることなかれ。「君子は徳を取って失を取らず」と云《い》う、この心なり。

『正法眼蔵随聞記』巻四

【訳】古人の言葉に「その人でもないのに、その家風を語ってはならぬ」とある。その意味は、その人の徳を学びもせず、知りもせず、その人の欠点をあげつらって、立派な人だがこういう欠点があるとか、立派な人だがあの事は善《よ》くない、などと思ってはならぬ、ということである。ただその人の徳を認め、欠点をあげつらってはならない。「君子は徳を取って、失《しつ》を取らず」と言うのはこの意味である。

16日 天上天下《てんじょうてんげ》、当処永平《とうじょえいへい》

天に道有り以《も》って高く清し、地に道有り以って厚く寧らかに、人に道有り以って安《あん》穏《のん》なり。所以《ゆえ》は、世尊降生《せそんごうしょう》し、一手《しゅ》は天を指さし、一手は地を指さし、周行《しゅうこう》七歩《ほ》して「天上天下《てんじょうてんげ》、唯我独尊《ゆいがどくそん》」と云《い》えばなり。世尊の道えること有るは、是《これ》、恁麽《いんも》なりと雖《いえど》も、永平《えいへい》、道うこと有り。大家《たいけ》、証明せよ。良久《りょうきゅう》して曰く、天上天下、当処永平《とうじょえいへい》。

寛元四年（一二四六）六月一五日

『永平広録』巻二　上堂177

【訳】天は仏の智慧《ちえ》あふれて高く清く澄《す》みわたり、地は仏の智慧《ちえ》しみとおって厚く豊かに潤《うるお》い、人は仏の智慧に導かれて心安らかである。何故《なぜ》かといえば、釈尊《しゃくそん》がご誕生なされ、一手は天を指し、一手は地を指され、あらゆる方角に廻《まわ》りあるくこと七歩なされて「天上天下《てんじょうてんげ》、唯我独尊《ゆいがどくそん》」と仰《おお》せられたからである。釈尊は、そのように仰せられたが永平《わたし》も言明しよう。諸君は私の言うその真の意義を証明してみせよ。〔道元はそのように云《い》われると、しばらくしてから云われた。〕〝天上天下、当処永平《とうじょえいへい》〟（天上天下ありとあらゆるところ、その場その場が、正伝の仏法嗣続《しぞく》の場所として尽未来《じんみらい》際《さい》にわたりとこしなえに平穏である）と。

17日 大悟《だいご》は家常《かじょう》の茶飯《さはん》なり

大悟《だいご》をまつことなかれ、大悟は家常《かじょう》の茶《さ》飯《はん》なり、不悟をねがうことなかれ、不悟は髻中《けいちゅう》の宝珠なり。

『正法眼蔵』「行持・上」

【訳】大悟《だいご》を期待してはならない。大悟は仏家における日常茶飯の生きざまのことである。だからといって、悟らないということを願うのもよくない。それはすでに髻《けい》中《ちゅう》の宝珠として、つまり自分自身として存在しているからである。

【注】髻中の宝珠…束ねた髪の中の宝、つまり自分自身のこと。

18日 還仮悟否《げんけごひ》の道取《どうしゅ》

いまの還仮悟否《げんけごひ》（還《また》、悟りを仮るや否や）の道取《どうしゅ》は、さとりなしといわずありといわず、きたるといわず、かるやいなやという。今時人のさとりは、いかにしてさとれるぞと道取せんがごとし。

『正法眼蔵』「大悟」

【訳】「悟りの力を仮りて悟ったのですか」（還仮悟否《げんけごひ》）という言葉は、悟りがないというのでも、あるというのでもなく、来るというのでもない。ただ「仮るかどうか」というのである。それは、今時の人は、どのようにして悟ったのですか、という（道《どう》取《しゅ》）ことと同じである。

19日 さとりのありようをいうときに

たとえばさとりをうといわば、ひごろはなかりつるかとおぼゆ。さとりきたれりといわば、ひごろはそのさとりいずれのところにありけるぞとおぼゆ。さとりになれりといわば、さとりはじめありとおぼゆ。かくのごとくいわず、かくのごとくならずといえども、さとりのありようをいうときに、さとりをかるやとはいうなり。

『正法眼蔵』「大悟」

【訳】たとえば悟りを得るといえば、悟りが今までなかったのかと思うし、悟りが来たというならば、日頃、悟りは何処《どこ》にあったのかと思う。悟りがなったといえば、悟りにはじめがあるように思われる。悟りはそのようにはいえないし、またそのようなものではないのであるから、悟りのありようをいう時は「還仮悟否《げんけごひ》」「悟りを仮るや否や」というほかないのである。

【注】六月一八日の項参照。

20日 いまの一当はむかしの百不当のちからなり

菩提心《ぼだいしん》をおこし、仏道修行におもむくのちよりは、難行《なんぎょう》をねんごろにおこなうとき、おこなうといえども、百行に一当なし。しかあれども、或従知識《わくじゅうちしき》、或従経巻《わくじゅうきょうかん》して、ようやくあたることをうるなり。いまの一当はむかしの百不当のちからなり、百不当の一老なり。

『正法眼蔵』「説心説性」

【訳】菩提心《ぼだいしん》（さとりを求めて仏道に入ろうとする心）おこし、仏道修行をはじめて後、最初のうちは、難行苦行《なんぎょうくぎょう》を真剣に重ねても、その行為はなお百に一つも、納得し的を射るものはない。だが、あるいは仏道の先達《せんだつ》（善知識）の教えに従い（或従知識《わくじゅうちしき》）、あるいは経巻《きょうかん》の示すところに従って（或従経巻《わくじゅうきょうかん》）それを学び行じているうちに、ようやく次第にそれが納得する（的に当たる）ようになる。従って、いま的に当たるのは、その昔、百に一つも当たらなかったそのことの力であると知られる。つまり、百の不当があって、それがいまの一当になっているのである。

21日 初発心《ほっしん》のときも仏道なり、成正覚《じょうしょうがく》のときも仏道なり

行仏道の初心のとき、未練にして通達せざればとて、仏道をすてて余道をへて仏道をうることなし。仏道修行の始終に達せざるともがら、この通塞の道理なることをあきらめがたし。仏道は、初発心《ほっしん》のときも仏道なり、成正覚《じょうしょうがく》のときも仏道なり。初中後ともに仏道なり。『正法眼蔵』「説心説性」

【訳】仏道を修行する初心の時、いまだ熟練せず、うまくゆかないからといって、それで仏道を捨てて、ほかの道を通ってきても仏道を得ることはない。仏道の修行とは、まだその終始に通じないものには、どうすればうまくゆくのかゆかないか、その道理がなかなか明らめにくいのである。仏道は、はじめて発心《ほっしん》した時にも仏道であり、正覚《しょうがく》（さとり）を得た時も仏道である。初めも中途も最終もすべてが仏道である。

22日 近来《きんらい》、好坐禅《こうざぜん》の時節《じせつ》

近来《きんらい》、好坐禅《こうざぜん》の時節《じせつ》。若《も》し過《す》ぐれば、什麽《いずれ》の著力《じゃくりき》か有《あ》らん。如《も》し、著力無《じゃくりきな》くんば如何《いかん》が弁肯《べんこう》せん。『永平広録』巻一 上堂124

【訳】近頃は、坐禅《ざぜん》に好《よ》い時節《じせつ》である。この時期を逃せば、坐禅に専心する時期を失う。もし、坐禅に専心する機会がなければ仏道に精進《しょうじん》し仏道の真実を見極める(弁肯)ことができようか。

【注】弁肯…弁道と同義、仏道に修行精進し、真実を見極めること。
著力…全力をつくして精進すること。

23日 久《ひさ》しく人間《じんかん》を舎《す》てて愛惜無《あいじゃく》し

久《ひさ》しく人間《じんかん》を舎《す》てて愛惜《あいじゃく》無し、文章筆硯《ぶんしょうひっけん》既《すで》に抛《す》て来《きた》る、花を見、鳥を聞くに風情少なし、山に在り乍《なが》ら猶不才《ふさい》を愧《は》ず。『永平広録』巻十「偈頌105」

【訳】私は、随分以前に俗界を捨てたが、今ではもう何の未練もない。あれほどに好きであった詩文を作り墨跡に残すことも既に捨て去った。それゆえに、花を見、鳥の声を聞こうともその風流に感ずることも少ない筈なのだが……、山居に徹しながらも、そうした花鳥風月の真髄を詩文にしえない自分の才のなさを愧《は》じるばかりだ。

24日 吾我《ごが》のために、仏法を学することなかれ

学道の人は、吾我《ごが》のために、仏法を学することなかれ。只、仏法の為に、仏法を学すべきなり。その故実《こじつ》は、我が身心《しんじん》を一物も残さず放下《ほうげ》して、仏法の大海に廻向《えこう》すべきなり。

『正法眼蔵随聞記』巻六

【訳】仏道を学ぶ人は、自分自身のために仏法を学んではならない。ただ、仏法のために仏法を学ぶのである。その古からの手本となるのは、自分の身も心も一物も残さず、全て投げ棄《す》て、仏法という大海に振り向けるということである。

【注】故実…古の儀式礼法。古例に従う心の用い方。

25日 人と譲論を好む事なかれ

我、智慧《ちえ》を学人にすぐれて存《そん》ずとも、人と譲論を好む事なかれ。悪口《あくく》をもて、人を云い、怒目《どもく》をもて、人を見る事なかれ。今の世の人、多く財をあたえ、恩をほどこせども、瞋恚《しんい》を現じ、悪口を以て謗言《ほうげん》すれば、必ず逆心《ぎゃくしん》を起す也。

『正法眼蔵随聞記』巻六

【訳】自分の学問や智慧《ちえ》が同輩より勝れていても、決して人と論争を好んではならぬ。人の悪口を言ったり、怒った目で人を睨《にら》んではならぬ。今の世の殆《ほとん》どの人は、財を与え、恩恵《おんけい》を施《ほどこ》しても、怒りを顔に表し、悪口で非難すれば、必ず離反するものである。

26日 草の葉に　首途《かどで》せる身の

草の葉に　首途《かどで》せる身の　木の目山
　空に路ある　心地こそすれ
「越前路より都におもむきし時木部山という所にて」『傘松道詠集』

【訳】草の葉の生い茂るころ、なおさら人の命は草葉に宿る朝露《あさつゆ》のごとしとわが余命を知りながら、療養のためとはいえやむなく京都へと、離れがたき永平寺を後にして、今、越前の国境、木の芽山にさしかかると、雲烟《うんえん》立ちこめ、没蹤跡の行雲流水《こううんりゅうすい》の身でありながら、雲海に路のある心地して、鳥道という没蹤跡の玄路を行く心地がする。

27日 仏法の、人をえらぶには非《あら》ず

仏法の、人をえらぶには非《あら》ず。人の仏法に入《い》らざれば也。
『正法眼蔵随聞記』巻四

【訳】仏法が人を区別することはない。人が仏法に入らないから、そう感ずるのだ。

28日 畜類《ちくるい》なお恩を報ず

祖師《そし》伝法《でんぽう》の深恩《じんおん》、ねんごろに報謝すべし。畜類《ちくるい》なお恩を報ず、人類いかでか恩をしらざらん。もし恩をしらずば、畜類よりも愚《おろか》なるべし。

『正法眼蔵』「袈裟功徳」

【訳】祖師方がこの法を伝えてくれた深い恩に懇切《こんせつ》に報《むく》い謝せねばならない。動物たちでさえ恩に報いる。人たるものが恩を知らずであってはならない。もし恩を知らなければ動物たちより愚かである。

29日 浮生《ふしょう》の名利《みょうり》、ただ刹那《せつな》にあり

浮生《ふしょう》の名利《みょうり》、ただ刹那《せつな》にあり。寂滅《じゃくめつ》の因縁《いんねん》、あに長劫《ちょうごう》を待たんや。

『永平広録』巻八　法語

【訳】この世での名声や富は、一刹那《せつな》のものに過ぎない。それらが消えてなくなるのに、永《なが》い時間など必要としない。

30日　全身これ全心なり

全身これ一隻《いっせき》の正法眼《しょうぼうげん》（正しい識見）なり、全身これ真実体《しんじつたい》なり、全身これ一句なり、全身これ光明《こうみょう》なり、全身これ全心なり。全身のとき全身の罣礙《けいげ》なし。『正法眼蔵』「一顆明珠」

【訳】全身がただ一箇の正法《しょうぼう》の眼《げん》であり、全身が真実体《しんじつたい》であり、全身が一句であり、全身が光明《こうみょう》である。それゆえに全身は全心である。全身が全身であるからどこにも差し障《さわ》ることなく円転すること自在である。

【注】正法眼…正法を明らかにする智慧の眼。
真実体…真実人体のこと。自分自身の本来あるべき相《こと》（すがた）が十分に活きている姿。

7月

無常迅速なり、生死事大なり

1日　無常迅速《むじょうじんそく》なり、生死事大《しょうじじだい》なり

無常迅速《むじょうじんそく》なり、生死事大《しょうじじだい》なり。暫《しばら》く存《ぞん》命《みょう》の間《あいだ》、業を修《しゅ》し学好まんには、ただ、仏道を行《ぎょう》じ仏法を学すべきなり。

『正法眼蔵随聞記』巻二

【訳】一切の現象は速やかに移ろいゆき、人命は瞬時も止まらない（無常迅速《むじょうじんそく》）のであり、人間の生死の真相を究めることは極めて重大（生死事大《しょうじじだい》）である。少しの生命のある間に、何らかの仕事に修練《しゅうれん》したり、学問を好むなら、ただ、仏道を修行し、仏法を学ぶべきである。

2日　多事を兼ねて心想を調えざらん、不可なり

一事を専《もっぱ》らにせん、鈍根劣器のものかなうべからず。況んや多事を兼ねて心想を調えざらん、不可なり。

『正法蔵随聞記』巻二

【訳】一つの事ことに専念することさえ、才智なく器量の劣るものには容易にできない。まして、多くのことを同時に兼ねて心のはたらきを調《ととの》えることができないのは、よくない。

3日　徐《おも》ろに行きて踏断《とうだん》す流水《りゅうすい》の声

徐《おも》ろに行きて踏断《とうだん》す流水《りゅうすい》の声、縦《ほし》いままに観《み》て写《うつ》し出す飛禽《ひきん》の跡《あと》。

『永平広録』巻六　上堂４５０

【訳】流れに沿ってゆっくりと歩き、その流れの水の音を踏み破り、飛ぶ鳥の跡《あと》を十二分に見て、その空跡を絵に描き出す。それが坐禅の真髄《しんずい》である。

4日　而今《にこん》の山水は、古仏の道現成《どうげんじょう》なり

而今《にこん》の山水は、古仏の道現成《どうげんじょう》なり、ともに法位に住して、究尽《ぐうじん》の功徳《くどく》を成《じょう》ぜり、空《くう》劫已前《ごういぜん》の消息なるがゆえに、而今の活計《かっけい》なり。

『正法眼蔵』「山水経」

【訳】眼前に展開している自然（山水）は、古仏が体得した真実の仏道が現実となって確実に現れている。それは仏法の秩序《ちつじょ》のままに、その究極の姿を具現化している。それはまた永遠なる過去の実態であるがゆえに、古今をつらぬいて今、現実に目の前に活き活きと展開している。

【注】而今《にこん》…現実の今、目下、只今、如今。

5日 至愚のともがらはおもうらく

至愚のともがらはおもうらく、学仏道の時は仏道にいたらず、果上のときのみ仏道なりと。挙道説道《こどう》をしらず、挙道行道をしらず、挙道証道をしらざるによりてかくのごとし。迷人《めいじん》のみ仏道修行して大悟《だいご》すと学して、不迷《ふめい》の人も仏道修行して大悟すとしらず、きかざるともがら、かくのごとくいうなり。

『正法眼蔵』「説心説性」

【訳】愚かな人たちは「仏道を学んでいる間はまだ仏道に至らぬのであって、証《さとり》に至った時それが初めて仏道だ」と考えている。だが実は、そこに至る道程のすべてが仏道を語っている（挙道説道）のである。その道のすべてが仏道を行じている（挙道行道）のであり、また、その道のすべてが仏道を証している（挙道証道）のである。が、それが判らないからそのようなことを考えるのである。あるいは、迷った人のみが仏道を修行して大悟するのだとのみ学んで、迷わぬ人も、また仏道を修行して大悟するということを、知らないし、聞いたこともないものだから、そのようなことを言うのである。

6日　葛藤をもて葛藤をきる

おおよそ諸聖《しょしょう》ともに、葛藤の根源を截断《せつだん》する参学に趣向すといえども、葛藤をもて葛藤をきるを截断というと参学せず、葛藤をもて葛藤をまつふとしらず。いかにいわんや葛藤をもて葛藤に嗣続《しぞく》することをしらんや。嗣法これ葛藤としれるまれなり、きけるものなし、道著《どうじゃく》せるいまだあらず。証《しょう》著《じゃく》せる、おおからんや。『正法眼蔵』「葛藤」

【訳】およそ諸々の聖人たちは、葛藤を煩《ぼん》悩《のう》とみて、その根源を断ち切るという参学の方向に向かうが、実は葛藤こそが仏法そのものであり、葛藤をもって葛藤を切るということを学ばない。あるいは、葛藤がかえって葛藤にまつわるという事実も知らないし、ましてや、仏法は葛藤から葛藤へと嗣続されるものなどは知るよしもない。仏法を嗣ぐことは、葛藤であることを知ることなど滅多になく、聞いたものもないし、ましてや、そのように言えた（道著）人はいないし、証し得た人は多い訳がない。

【注】葛藤…常識的には煩悩が蔓草《つるくさ》のように絡まり付くような状態をいう語で、特に禅宗ではその状態を断ち切って悟りをうるとした。が、道元は「葛藤をもて葛藤を截断」し、仏法を正しく嗣続することこそが葛藤であると喝破している。

7日 海に入って沙《すな》を算《かぞ》え

海に入って沙《すな》を算《かぞ》え、空しく自《みずか》ら力を費《つい》やす。塼《せん》を磨いて鏡と作《な》し、枉《ま》げて工夫《くふう》を用う。君、見ずや、高々《こうこう》たる山上の雲、自ら巻き自ら舒《ほころ》ぶ、何《なん》の親《しん》、何の疏《そ》ぞ。深々《しんしん》たる澗底《かんてい》の水《みず》、曲《きょく》に遇《あ》い直《ちょく》に遇う、彼《かれ》なく此《これ》なし。衆生日用《しゅじょうにちよう》、雲水の如し。

『永平広録』巻四　上堂２８１

【訳】仏法を学ぶのに、その教学理論のみを究めて悟りに至ろうとするのは、海に入って砂粒を数えるのに等しい。また、悟りを求めて塼《せん》を磨いて鏡とするような工夫もまた空しい努力である。君、高い山の上の雲を見よ。雲は何の屈託もなく大きくなったり小さくなったりしているではないか。そこには何のはからいもない。深々とした谷底の水の流れを見よ。曲がるところでは曲がり、真っ直ぐな所では真っ直ぐに流れている。そこには何のはからいもない。諸君の日常も、雲のごとく水のごとくでなければならぬ。

【注】海に入って空しく沙《すな》を算《かぞ》え…仏法の教学的見地の、とくに文字面だけを究めて悟りに至ろうとすることの無益なたとえ。

磨塼作鏡…南嶽懐譲が坐禅をしていた馬祖道一に、自ら塼を磨いて、悟りを目的とした坐禅を諫めた故事。修行自体が仏行とする転釈した解釈もある。

8日 磨《ま》塼《せん》作《さ》鏡《きょう》、是《こ》れ功《く》夫《ふう》

磨《ま》塼《せん》作《さ》鏡《きょう》、是《こ》れ功《く》夫《ふう》。兀兀《ごつごつ》たる思量《しりょう》、道《どう》豈《あに》に疎ならん。那辺《なへん》に向《むか》って瞥地《べっち》を尋ねんと欲《ほっ》さば、又《また》、這裏《しゅり》に来たって觜盧都《しろと》。

『永平広録』巻四　上堂270

【訳】南嶽《なんがく》が馬祖に示したように、塼《せん》を磨いて鏡にするというのは真の功夫である。薬山のように、不思量を兀兀《ごつごつ》と思量するのが真の仏道である。そこに向かって、悟りの境涯（瞥地《べっち》）を尋ようと思うならば、ここに来て、黙って坐れ（觜盧都《しろと》）。

【注】觜盧都…口を閉じて一言も発せぬさま。
這裏…ここのところ、ここ。

9日 生《しょう》死《じ》は仏家の調度なり

しるべし、生死《しょうじ》は仏道の行履《あんり》なり、生死は仏家の調度なり。使也要使《しゃようし》なり、明也明得《めいやめいとく》なり。

『正法眼蔵』「行仏威儀」

【訳】よく知らねばならない。生死は、仏道の喫茶《きっさ》・喫飯《きっぱん》・起居《ききょ》・動作《どうさ》の一切の生きざま（行履《あんり》）であり、仏教者にとっては日常的な調度品である。これを使おうと思えば何時《いっ》でも使え、これを明らめようと思えば何時でも明らめることができる。

【注】使也要使・明也明得…也はまた、要は必ず。使おうとすれば使えるし、明らめようとすれば明らめることができる。諸仏にとって、それは明々得々なこと。

10日 山に登っては、須《すべから》く頂《いただき》に到るべし

山に登っては、須《すべから》く頂《いただき》に到るべし。海に入《はい》っては、須く底に到るべし。山に登って頂に到らずんば、宇宙の寛広《かんこう》を知らず、海に入って底に到らざれば、滄溟《そうめい》の浅深《せんしん》を知らず。

『永平広録』巻四　上堂268

【訳】修行僧は、山に登ったならば頂上まで、海に入ったらば、底までいく覚悟を持たねばならぬ。山の頂上に到らなければ宇宙の広大さが分からぬし、海底に到らねば大海の浅深《せんしん》が分からぬからである。

11日 山のはの　ほのめくよいの

山のはの　ほのめくよいの　月影に
光もうすく　とぶほたるかな

『傘松道詠集』『新後拾遺和歌集』

【訳】山の稜線《りょうせん》がほのかに見えはじめた月明かりの中、一瞬一瞬時々刻々とうつろい続けるその情景の中、その光に紛《まぎ》れるように、懸命に生命を象徴するかのようにほのかに蛍《ほたる》が飛んでいる。

12日　二種の語無きなり

人、平《たい》らかにして語らず。不妄語《ふもうご》、不誑《ふおう》語《ご》、不異語《ふいご》なり。是《これ》、語無《ごな》きにあらず、二種の語無きなり。『永平広録』巻三　上堂242

【訳】宏智《わんし》古仏の「人は心が平静であれば物言わぬ」とは、嘘をつかない（不妄語《ふもうご》）、人を惑わさない（不誑語《ふおうご》）、表裏を使い分けない（不異語《ふいご》）ことである。これは、何も言わないということではなく、矛盾した二種の言葉を使わないということである。

【注】宏智古仏…宏智正覚（一〇九一―一一五七）、黙照禅の大成者。道元は宏智正覚（一〇九一―一一五七）を古仏と尊崇する。

13日　説法は直《じき》に須《すべか》らく応時《おうじ》応節《おうせつ》なるべし

夫《そ》れ、説法は直《じき》に須《すべか》らく応時応節《おうじおうせつ》なるべし。若《も》し、応時せずば総《すべ》て是《こ》れ、非時《ひじ》閑語《かんご》なり。『永平広録』巻三　上堂244

【訳】説法は、その場、その人の時節因縁を弁《わきま》えたものでなければならぬ。もし、そうでなければ、それは単なる無駄話である。

14日 いそぎて発願《ほつがん》すべし

従来の光陰《こういん》はたといむなしくすごすというとも、今生《こんじょう》のいまだすぐさるあいだに、いそぎて発願《ほつがん》すべし。『正法眼蔵』「渓声山色」

【訳】これまでの月日はたとえ虚《むな》しく過ごしたとしても、今生きている間に、速《すみ》やかに仏道に精進するという誓願《せいがん》をたてるべきである。

15日 道心をしらざるともがら

道心をしらざるともがらに道心をおしうるときは、忠言の逆耳《ぎゃくじ》するによりて、自己をかえりみず、他人をうらむ。

『正法眼蔵』「渓声山色」

【訳】道心（仏道を求め、さとり向かって進もうとする心）を知らない人々に、道心を教える時は、その人たちにとってはその忠告がかえって耳ざわりとなり、その人たちは自分を省《かえり》みず、忠告をした人を恨むことになる。

16日　西天《さいてん》にもきかず、東地はじめてあり

これより堂奥《どうおう》にいる、執侍《しゅうじ》八年、勤労千《きんろうせん》万《ばん》、まことにこれ人天《にんでん》の大依怙《だいえこ》なるなり、人天の大導師なるなり、かくのごときの勤労は、西天《さいてん》にもきかず、東地はじめてあり。

『正法眼蔵』「行持・下」

【訳】二祖神光慧可《しんこうえか》は、雪深き山中に達磨を尋ね、雪中に立ち尽くした後、ひそかに利刀《りとう》をとって、みずから左臂を切断して師の前に置いた。達磨はそれによって慧可が法器であると知った、という経緯を経て、達磨大師の堂奥《どうおう》に入り、師に侍《じ》すること八年、あらゆる困苦を重ねた。これこそは、真の人々の大きなよりどころ（大依怙）として学ぶべきことであり「人天《にんでん》の大導師」である。このように仏法のために労苦をかさねたのは、インドには聞かず、中国において初めてのことである。

【注】神光慧可（五九三寂—寿一〇七）…達磨の法を嗣いで中国禅宗の第二祖となる。八月三〇日の項参照。

17日 天童和尚忌上堂《てんどうおしょうきじょうどう》

天童和尚忌上堂《てんどうおしょうきじょうどう》に、曰《いわ》く。入唐学歩邯鄲《にっとうがくほかんたん》に似たり、運水《うんすい》に幾《いくばく》か労《ろう》し柴《しば》もまた般《はこ》ぶ、謂《い》うこと莫《なか》れ先師弟子を瞞《あざ》むくと、天童却《かえ》って道元に瞞《あざ》むかる。

『永平広録』巻二 184

【訳】天童和尚忌《てんどうおしょうき》、寛元四年（一二四六）七月一七日の上堂に、道元は次のように偈《げ》頌《じゅ》をもって示された。「私が宋に留学して如浄《にょじょう》の元で仏道を学んだのは、あたかも〝邯鄲《かんたん》の歩み〟ということわざのように、地方から大都会の邯鄲に出て、やがて都会風の歩き方をするうちに田舎風の歩き方を忘れるようなことに似ている。私は、天童如浄古仏のもとで、日本で学んだ仏法を忘れ、水汲《く》みや柴運びの日常茶飯の中に真実の仏法を見出した。それは、先師が、修行者である私にたいして、仏法とはこういうものだ、と欺《あざむ》いたのだなどといってはならない。天童和尚こそが、私道元に欺《あざむ》かれて真の仏法を教え示してくれたのである」と。

【注】天童如浄（一一六三―一二二八）…道元の本師。名利を超越した希代の禅匠で、当時の叢林では〝浄長〟といい、後世では〝長翁〟と称せられた。道元は本師の膝下で徹底坐禅し、身心脱落。その只管打坐の仏法を正伝の仏法として日本に将来した。

18日 露命《ろめい》は身よりももろし

堂奥《どうおう》にいるといらざると、師決をきくとききかざるとあり。光陰は矢よりもすみやかなり、露命《ろめい》は身よりももろし。

『正法眼蔵』「行持・上」

【訳】仏法の極意（堂奥《どうおう》）を得たものと、また得ないものとがあり、また、師の極妙な仏法の真実を聞き得た人と、聞き得ない人とがいる。しかしながら、時のすぎゆくのは矢よりも早く、身命は露よりもはかないのである。

19日 われ参不得なるうらみあり

師はあれども、われ参不得なるうらみあり。参ぜんとするに師不得なるかなしみあり。かくのごとくの事、まのあたり見聞《けんもん》せしなり。

『正法眼蔵』「行持・上」

【訳】師はあっても、参学し得ないという恨みもある。参学しようと思っても、師を得ないという哀しみもある。このような恨みや哀しみは、目のあたりに見聞してきたことである。

20日 正法《しょうぼう》の心術なり

学道のとき、見聞《けんもん》することかたきは、正法《しょうぼう》の心術なり。その心術は、仏々相伝《ぶつぶつそうでん》したれるものなり。これを仏光明《ぶっこうみょう》とも、仏心とも相伝するなり。

『正法眼蔵』「渓声山色」

【訳】仏道を学ぶ時、容易に見聞できないのは、正しい仏法を学ぶ心構え（心術）である。その心術は仏から仏へ、祖から祖へと伝わったものである。これを仏の光明とも仏心とも称して伝えてきたのである。

21日 八万四千偈《げ》をおしまざるなり

正修行のとき、渓声渓色、山色山声、ともに八万四千偈《げ》をおしまざるなり。自己も名利身心を不惜《ふじゃく》すれば、渓山また恁麼《いんも》の不惜あり。

『正法眼蔵』「渓声山色」

【訳】全てを放捨《ほうしゃ》して正しく修行する時は、渓の声も、山の色も山の声も、ともに八万四千という無数の偈を説いて惜しまない。自分が、もし名利や身心すらも放捨すれば、渓や山はそのように感応する。

【注】偈…詩句の型で仏徳を賛嘆し、そこに教理を述べる。

22日 人は必ず陰徳《いんとく》を修《しゅ》すべし

人は必ず陰徳《いんとく》を修《しゅ》すべし。必ず冥加《みょうが》顕益《けんやく》有るなり。

『正法眼蔵随聞記』巻四

【訳】人は必ず、人に知られない善行（陰《いん》徳《とく》）を修《しゅ》すべきである。そうすれば必ず眼に見えない神仏の加護《かご》、眼に見える利益があるものだ。

23日 諸縁《しょえん》を放捨《ほうしゃ》し

諸縁《しょえん》を放捨《ほうしゃ》し万事を休息すべし。

『正法眼蔵』「坐禅儀」

【訳】ありとあらゆる関わり合いを全て捨てて、ゆったりとした気分になる。

24日 この道取《どうしゅ》いまだ法の家業にあらず

ある漢いわく、釈迦老漢かつて一代の教《きょう》典《でん》を宣説《せんぜつ》するほかに、さらに上乗一心の法を摩訶迦葉《まかかしょう》に正伝《しょうでん》す、嫡嫡相承《てきてきそうじょう》しきたれり。しかあれば教は赴機《ふき》の戯論《けろん》なり、心は理性の真実なり。この正伝せる一心を教外別伝《きょうげべつでん》という。三乗十二分教の所談にひとしかるべきにあらず、一心上乗なるゆえに、直指《じきし》人心見性成仏《にんしんけんしょうじょうぶつ》なりという、この道取《どうしゅ》いまだ法の家業にあらず、出身の活路なし、通身の威儀《いいぎ》あらず。

『正法眼蔵』「仏教」

【訳】ある人が「釈尊は、一代にわたり教典を説示された外に、優れた一心の仏法を摩《ま》訶迦葉《かかしょう》に正伝《しょうでん》し、それが代々相承《そうじょう》されてきた。ゆえに、教というのは、その人の機根《きこん》に応じた戯《たわむ》れた議論で、その一心こそが真実の法である。この正伝した一心こそを教外別伝《きょうげべつでん》（教の外に別に伝えるもの）という。それは三乗十二分教などの諸々の経典の語るところとは全くの別もので、これこそが最高のものであるから直指人心見性成仏《じきしにんしんけんしょうじょうぶつ》と説く」と。そのような説き方（道取）は仏教の説くところではない。ここには、全ての束縛を脱して自由闊達《かったつ》な生きたはたらき（出身の活路）がない。そのはたらきが行住坐臥《ぎょうじゅうざが》における全身にみなぎる（通身の威儀）輝きもない。

25日　仏法仏道はあきらめず

恁麼《いんも》の説話あらば、仏法仏道はあきらめず通ぜざりけるとしるべし。ゆえはいかん。仏をしらず、教《きょう》をしらず、心《しん》をしらず、内《ない》をしらず、外《げ》をしらざるがゆえに。そのしらざる道理は、かつて仏法をきかざるによりてなり。

『正法眼蔵』「仏教」

【訳】「教外別伝《きょうげべつでん》」などという説き方（教外別伝とか直指人心見性成仏《じきしにんしんけんしょうじょうぶつ》などの論、二四日参照）は、仏法仏道を明らかにせず通じてもいない、と知るべきである。なぜなら、仏を知らず、教えも知らず、心も内も外も知らないからである。何故か、その理由は未だ曾て真の仏法を聞いていないからである。

【注】本師如浄が「禅宗」という呼称すらも否定しているように、道元も、「禅宗」という呼称を否定し、「教外別伝、不立文字」という語句は禅家にいらぬ自誇をもたせたものとし、『正法眼蔵』「仏教」巻の中で、「教外別伝」とは「教外別伝・不立文字・直指人心・見性成仏」とする四句の一句で、経典の伝えるところには仏法の真実はなく、達磨が伝えたところのみに仏法の大道がある。つまり、禅宗の綱は、経典や文字の中にはなく、経典や文字の示しているところを人心の中に直接端的にとらえるとするもの。禅宗以外の仏教、経典・文字を最大のより処とする教家に対する優位性を強調する言葉である。その説を謬説《びゅうせつ》だと展開してもいる。七月二四日の項参照。

26日 自解《じげ》を執《しゅう》すること莫《なか》れ

学道の人、自解《じげ》を執《しゅう》すること莫《なか》れ。たとえ、所会《しょえ》有りとも、若《もし》、又《また》、決定《けつじょう》よからざる事もあらん。

『正法眼蔵随聞記』巻五

【訳】仏道を学ぶ人は、自分一人の見解に執着してはならない。たとえ、自分では理解したと思っても、また、その理解が正しくない場合もあるかもしれないからである。

27日 先人の言《ことば》なれども

先人の言《ことば》なれども、堅く執することなかれ。若《もし》、是もあしくもや有ん、信ずるにつけてもと思うて、勝《すぐれ》たることあらば、次第につくべきなり。

『正法眼蔵随聞記』巻五

【訳】先人の言葉であっても、それに固執《こしつ》してはならない。これも、もしかしたら、悪いところがあるかもしれないからである。信用するにしても、さらによく考え、勝れているところがあれば、順次にその方にしたがうべきである。

28日 参禅《さんぜん》は身心脱落《しんじんだつらく》なり①

堂頭和尚《どうちょうおしょう》示《しめ》して曰《いわ》く「参禅《さんぜん》は身心脱落《しんじんだつらく》なり。焼香《しょうこう》・礼拝《らいはい》・念仏《ねんぶつ》・修懺《しゅさん》・看経《かんきん》を用《もち》いず、祇管打坐《しかんたざ》のみ」。拝問《はいもん》す「身心脱落とは何《いか》ん」。堂頭和尚《どうちょうおしょう》示して曰《いわ》く「身心脱落とは坐禅なり。祇管に坐禅する時、五欲《ごよく》を離れ五蓋《ごがい》を除くなり」。『宝慶記』拝問15

【訳】如浄《にょじょう》が示して言われた「参禅は身心《しんじん》脱落《だつらく》である。それは、焼香《しょうこう》・礼拝《らいはい》・念仏《ねんぶつ》・修懺《しゅさん》・看経《かんきん》ではなしえない。只管打坐《しかんたざ》こそが身心脱落である」。拝問した「身心脱落とはどのようなことですか」。如浄は示して言われた「身心脱落とは坐禅である。只管に坐禅する時、人間のもっている五つの欲望や煩悩が除かれる」。

【注】五欲…色欲・声欲・香欲・味欲・触欲。

五蓋…蓋は煩悩。貪欲《とんよく》・瞋恚《しんに》・睡眠・掉悔《じょうけ》・疑。

五欲も五蓋も人間の本質的欲望である。「身心脱落」は、『永平広録』（巻一―33）巻四・巻六・巻九にも見える。『正法眼蔵』（「弁道話」）には「宗門《しゅうもん》の正伝《しょうでん》にいわく、この単伝正直《たんでんしょうじき》の仏法《ぶっぽう》は、最上《さいじょう》のなかに最上なり。参見知識《さんけんちしき》のはじめより、さらに焼香、礼拝、念仏、修懺、看経をもちいず、ただし打坐して身心脱落することを得よ」とあり、「仏経」「三昧王三昧」巻でも同趣旨が見られる。只管打坐し、脱落の真意義に徹底し、仏法の総府としての「証上の修」（悟りの上の修行）こそが身心脱落であるということを徹底的に参学せよとの示誨である。

29日 豁然《かつぜん》と大悟《だいご》す②

浄翁一日、一禅衲の坐睡を責めて曰く「参禅は須《すべから》く身心脱落《しんじんだつらく》なるべし。只管に坐睡して什麽《いんも》を為《な》すに堪《た》えん」。師、傍《かたわ》らにおいて豁然《かつぜん》と大悟《だいご》す。

『訂補建撕記』

【訳】宝慶元年（一二二五）七月、夏安居もまさに開けようとする暁天坐（早朝の坐禅）の時、道元の隣で睡魔に襲われ坐睡（坐禅しながら居眠りすること）していた僧を、如浄《にょじょう》は「坐禅は必ず身心脱落《しんじんだつらく》（身も心も一切の束縛から離脱した大悟の境界）である。それなのに只管《ひたすら》に眠りこけていたのでは、そんなのは、身心脱落とはならぬ」と堂中に響き渡る声で大喝した。如浄の一喝は隣で坐禅していた道元の身体を突き抜けた。この一喝で豁然として大悟した。

「仏のいえ」に投げ入れた自分自身が、只管打坐《しかんたざ》とともにあって、万法に証されているすがたが身心脱落であることを判然と見極めた。

30日

身心脱落《しんじんだつらく》③

直に方丈に上り焼香す。浄問うて曰く「焼香のこと作麼生」、師曰く「身心脱落《しんじんだつらく》しきたる」。浄曰く「身心脱落、脱落身心」。師曰く「這箇は是れ暫時の伎倆、和尚妄りに某甲を印すること莫れ」。浄曰く「吾、妄りに汝を印せず」。

『訂補建撕記』

【訳】道元は、暁天坐が終わるのを待って、直《ただ》ちに如浄の方丈を訪れ焼香した。如浄が「何のための焼香か」と問うと、道元は「身心脱落いたしました」と、その心境を報告した。これを聞いた如浄は「身心脱落、脱落身心」と述べ、徹底した身心脱落の境地は、身心と脱落が一如であると教示した。道元が「これは、少しばかりの悟りだと思います。私を妄《みだ》りに印可しないで下さい」というと、如浄は「私は、妄りに君を印可しない」と印可の真実を強調した。

31日　恁麼《いんも》なることを得たり④

師曰く「如何が是れ、妄りに某甲を印せざる」。浄曰く「脱落身心」。師礼拝す。

時に福州の広平侍者、傍に在って曰く「外国の人、恁麼《いんも》なることを得たり。まことに細にあらず」と。

『訂補建撕記』

【訳】道元がさらに「どうして妄りに印可しないのですか」と重ねて印可の真意を問うと、「君は、確実に身心を脱落したからである」とその大悟の境地を認証した。道元は丁重に礼拝した。

その時、福州出身の広平という侍者が傍《そば》にいて「外国の人が悟りを得た。これは決して些略などではなく、大変なことです」と讃嘆した。

【注】師明全が示寂した宝慶元年（一二二五）五月二七日の後に、如浄に拝問を許された同年七月二日からまもなくの夏安居も終りの頃のことである。この「身心脱落」の一句こそが、道元が如浄膝下で徹底坐禅し大悟した一大機縁となった言葉である。

8月

生をあきらめ死をあきらむるは、
仏家一大事の因縁なり

1日 古先の勝躅《しょうちょく》なり、仏祖の古儀《こぎ》なり

おおよそ仏子の行道、かならずまず十方の三宝を敬礼《きょうらい》したてまつり、十方の三宝を勧請《かんじょう》したてまつりて、そのみまえに焼香散《しょうこうさん》華《げ》して、まさに諸行を修《しゅ》するなり。これすなわち古先の勝躅《しょうちょく》なり、仏祖の古儀《こぎ》なり。

『正法眼蔵』「帰依三宝」

【訳】およそ、仏者の仏道修行（行道）は、必らず、まず十方の三宝を敬礼《きょうらい》し、十方の三宝をお迎え（勧請）し、その御前《ごぜん》に焼香《しょうこう》し散華《さんげ》し、それから様々な行を修《しゅ》する。これが古聖先徳の示された勝れた手本（勝《しょう》躅《ちょく》）であり、仏々祖々の古くから伝えた作法である。

【注】十方の三宝…十方とは、本来全ての方角をさすが、そのような大小方隅を超えた絶対の世界もいう。三宝とは、仏・法・僧のことで、道元は「仏は大師になるゆえに、法は良薬なるゆえに、僧は勝友なるゆえに帰依す」と述べている。

2日　一仏をも供養《くよう》したてまつらざる衆生《しゅじょう》

いまだかつて一仏をも供養《くよう》したてまつらざる衆生《しゅじょう》、なにによりてか作仏することあらん。無因作仏あるべからず。

『正法眼蔵』「供養諸仏」

【訳】未だかつて一仏をも供養したことのない人が、どうして仏となれようか。仏を供養するという因がなければ仏にはなれないのである。

3日　われに親友なるは

われに親友なるはわれもかれに親友なり。親友の礼勤《れいごん》わするべからざるゆえに、髻珠《けいしゅ》をもあたう、衣珠《えしゅ》をもあたうる時節、よくよく究尽すべし。

『正法眼蔵』「法華転法華」

【訳】仏が、我らにとって親友と言われる以上、我らにとっても仏は親友である。その親友であるよしみを忘れないために、髻中《けいちゅう》の珠を示したり、衣裏《えり》に珠をかけてくれるその時節をよくよく極め尽くさねばならない。

〔注〕衣珠…衣裏宝珠の略。衣服に隠されている宝珠、つまり人々に本具している仏性のこと。髻珠は六月一七日の〔注〕参照。

4日 孔老いまだ応迹《おうしゃく》の説なし

孔老いまだ応迹《おうしゃく》の説なし、いわんや孔老は先因をしらず、当果《とうか》をとかず、わずかに一世の忠孝をもて、君につかえ家をおさむる術をむねとするなり。さらに後世《ごせ》の説なし、すでにこれ断見の流類《るるい》なるべし。

『正法眼蔵』「四禅比丘」

【訳】孔子や老子は、衆生済度の教化（応迹）をせず、先の因が現在の果となるという、因果の法則も説かず、ただ今世の忠孝をもって君につかえ家を治める術を説く。さらに後世も説かない。これでは因果の道理に反する断見の類《たぐ》いである。

【注】断見…全ての世界が死後は断滅するという見解で仏教の因果の道理に反する。道元は「後世ないという。これ断見の外道なり」（「深信因果」）とも説く。又、当時の儒教・道教・仏教の根本は一致とする三教一致説にたいしても「宋朝愚暗のともがらの、三教一致の狂言もいるべからず、不学のいたりなり」（「四禅比丘」）とこれを排している。だからといって、儒教・道教の存在を否定するわけではなく、その根本が一致とする一致説を否定しているのである。九月六日の項参照。

5日 女人《にょにん》にてあれども

いま大宋国《だいそうこく》をみるに、久修練行《くしゅれんぎょう》に似たる僧侶の、いたずらに海沙《かいじゃ》をかぞえて、生死《しょうじ》海《かい》に流浪《るろう》せるあり。女人《にょにん》にてあれども、参《さん》尋《じん》知識し弁道功夫《べんどうくふう》して、人天《にんでん》の導師にてあるあり。餅《もちい》をうらず、餅をすてし老婆《ろうば》等あり。あわれむべし、男の比丘《びく》僧にてあれども、いたずらに教海のいさごをかぞえて、仏法は夢にもいまだみざることを。

『正法眼蔵』「礼拝得髄」

【訳】いま、大宋国《だいそうこく》を見てみると、長い間修行したようにみえる僧侶が、いたずらに海の砂粒を数えるような文字面だけの学問をして、人間の生死の迷いに流浪《るろう》しているものがいる。一方、女性であっても参師門法・修行功夫して人天の導師ととなった人もいる。餅を売らずに、坊さんに説教をした老婆もいる。男僧であっても、いたずらに砂粒を数えている人には、仏法の真実は夢にさえも表れない、哀れなことである。

【注】餅をうらず…徳山宣鑑（七八〇—八六五）は、かつて周金剛王と自称し、南方に出向く途中、餅売の老婆に「どの心で餅を食すや」と問われ、答えに窮し、餅を売ってもらえず、その境地を反省した故事。八月七日、九月一五日参照。

6日　不落《ふらく》因果と不昧《ふまい》因果

不落《ふらく》因果は、まさしくこれ撥無《はつむ》因果なり、これによりて悪趣に堕す。不昧《ふまい》因果は、あきらかにこれ深信《じんしん》因果なり、これによりてきくもの悪趣を脱す。あやしむべきにあらず、うたがうべきにあらず。

『正法眼蔵』「身心学道」

【訳】「因果に落ちず」（不落《ふらく》因果）とは、因果に支配されないということで、因果の否定（撥無《はつむ》因果）であり、それによって悪道に堕ちる。「因果をくらまさず」（不昧《ふまい》因果）とは、明らかに因果を深く信じる（深信《じん しん》因果）ということで、それによって悪道を脱する。それは怪しむことではなく、疑ってかかることでもない。

【注】因果…因と果には必然的な道理があり、この理法は仏教においては極めて重要とされ、三世を貫通するものである。一一月五日の項参照。

7日　たとい七歳の女流なりとも

仏法を修行し、仏法を道取せんは、たとい七歳の女流なりとも、すなわち四衆の導師なり、衆生の慈父なり。

『正法眼蔵』「礼拝得髄」

【訳】仏法を修行し、仏法を説きうるならば、それがたとえ七歳の女子であっても四衆の導師であり、衆生の慈父である。

【注】四衆…比丘・比丘尼・優婆塞・優婆夷、前二者は、男僧・尼僧、後二者は具足戒を受ける以前の男性と女性。八月五日、九月一五日参照。

8日　山深み　峯《みね》にも尾にも　声たてて

山深み　峯《みね》にも尾にも　声たてて
今日もくれぬと　日ぐらしのなく

『傘松道詠集』「草庵雑詠」

【訳】山深い峯《みね》にも渓にも、今日という一日も、はや尊い生命の中に暮れにけりと、蜩《ひぐらし》が無情に鳴いている。が、その蜩の声は、光陰虚《むな》しくわたることはなかれ、とわが胸に響く。

9日 山を参究すれば山に功夫《くふう》なり

山を参究すれば山に功夫《くふう》なり。かくのごとくの山水おのずから賢をなし聖《しょう》をなすなり。

『正法眼蔵』「山水経」

【訳】山の真実を参究することは、自分自身の真実を参究することで、それこそが山に対する真実の探求である。そのような事実の探求こそが、期せずして賢となり聖《しょう》となるのである。

10日 生死《しょうじ》のほかにほとけを求むれば

もし人、生死《しょうじ》のほかにほとけを求むれば、ながえを北にして越《えつ》にむかい、面《おもて》を南にして北斗《ほくと》をみんとするがごとし。いよいよ生死の因をあつめて、さらに解脱《げだつ》の道をうしなえり。

『正法眼蔵』「生死」

【訳】もし、人が生死から離れようと思い、生死のほかに仏を求めるなら、それは轅《ながえ》（牛馬の引く車の先の柄《え》）を北に向けて南の越《えつ》に向かい、あるいは顔を南に向けて北斗七星を見ようとするようなものである。それでは、ますます生死の迷いの原因を集めるばかりで、さらに解脱《げだつ》の道を失うこととなる。

11日 生死すなわち涅槃《ねはん》とこころえ

ただ生死すなわち涅槃《ねはん》とこころえて、生死としていとうべきもなく、涅槃としてねがうべきもなし。このときはじめて生死をはなるる分あり。

『正法眼蔵』「生死」

【訳】生死はただそのままが涅槃《ねはん》（仏の境地）と心得れば、生死だからといって厭《いと》うべきものでもなく、涅槃だからといって特別に願い求める必要もなくなる。この時初めて生死の迷妄から離れることができるのである。

12日 仏法には修証《しゅしょう》これ一等なり

それ修証《しゅしょう》はひとつにあらずとおもえる、すなわち外道《げどう》の見なり。仏法には修証《しゅしょう》これ一等なり。

『正法眼蔵』「弁道話」

【訳】修《しゅ》（修行）と証《しょう》（悟り）は一つのものではないと考えるのは、外道《げどう》（仏教以外の教学）の邪見《じゃけん》である。仏法では修と証は一つである。

13日 一塵《いちじん》をしれるものは尽界《じんかい》をしり

一塵《いちじん》をしれるものは尽界《じんかい》をしり、一法を通ずるものは万法を通ず。万法に通ぜざるものは、一法に通ぜず。通を学せるもの通《つう》徹《てつ》のとき、万法をもみる。

『正法眼蔵』「諸悪莫作」

【訳】一塵《いちじん》を究めれば全存在の事実を知り、一法の本質に通ずれば、全存在の事実を知る。全存在の事実に通じないものは一法にも通じない。この道理を学び通徹《つうてつ》する時、全ての存在の本質をみるのである。

14日 而今《にこん》

いわくの今時は人人《にんにん》の而今《にこん》なり。我をして過去未来現在を念ぜしめるは、いく千万人なりとも今時なり、而今なり。

『正法眼蔵』「大悟」

【訳】ここで言う「今時《いま》」というのは各人それぞれ「而今《にこん》」（いま、このとき）である。自分が、過去・未来・現在を意識するのも「今」であり、「この時」である。幾千万人の人々にとっても「今時」であり、「而今」である。

15日　うお水を行くに

うお水を行くに、ゆけども水のきわなく、鳥そらをとぶに、とぶといえどもそらのきわなし。しかあれども魚鳥《うおとり》、いまだむかしよりみずそらをはなれず。ただ用大《ようだい》のときは使大《しだい》なり、要小《ようしょう》のときは使小《ししょう》なり。

『正法眼蔵』「現成公案」

【訳】魚が水のなかを行く時、いくら泳いでも水には果てがない。鳥が空を飛ぶ時、いくら飛んでも空に限りはない。それでも、魚は水を離れず、鳥もいまだかつて空を出たことはない。そのように我々も仏法の大道の中で生き修行しているが、それは無限で終わりはない。ただ、動きが大きい時は大きく使い、動きが小さい時は小さく使うばかりである。それは菩薩は仏法を大きく使い、凡夫は小さく使うようなものだ。

16日 中秋月円《ちゅうしゅうげつえん》の節《せつ》

永平《えいへい》、正当中秋月円《しょうとうちゅうしゅうげつえん》の節《せつ》、重ねて世尊《せそん》所説《しょせつ》の偈《げ》の中《なか》の明《めい》の一字を挙《こ》して、月宮殿《げっきゅうでん》の光明《こうみょう》を増し、大千界《だいせんかい》の迷闇《めいあん》を照らさんと欲《おも》う而已《のみ》なり。蓋《けだ》し是《これ》、伝灯《でんとう》なり。蓋し是、仏勅《ぶっちょく》なり。而《しか》して偈《げ》を説いて言《いわ》く、仏《ぶっ》の威《い》神《しん》に依《よ》って宮殿《きゅうでん》明らかに、千光赫赫一時《せんこうかくかくいちじ》に生まれ、人間《じんかん》には縦《たと》え中秋の月を愛すとも、天上《てんじょう》には涯《かぎ》り莫《な》し半段《はんだん》の晴《はれ》、と。

『永平広録』巻七　上堂521

【訳】永平（私）は、正にこの中秋の明月の節（建長四年〈一二五二〉八月一五日）に当たり、重ねて、釈尊の説かれた偈《げ》の「虚空中大灯明」の〝明〟の一字を取り上げて、月宮殿の光明を増し、大千世界の迷いの闇を照らしたいと思うのみである。けだし、これこそが〝伝灯〟というものである。けだし、これこそが仏世尊のお諭しである。そのように言われると、道元は偈頌《げじゅ》をもって次のように示された。「仏世尊の威神力により月宮殿は明るい。千の光の輝きが一時に生じたゆえに。人間は中秋の月をほしいままに愛するが、天上の月光は果てしなく、その半分で下界を照らす」と。

17日 以水為命しりぬべし、以空為命しりぬべし

頭頭《ずず》に辺際《へんさい》をつくさずということなく、処処に踏飜《とうほん》せずということなしといえども、鳥もしそらをいずれば、たちまちに死す。魚《うお》もし水をいずれば、たちまちに死す。以水為命しりぬべし、以空為命しりぬべし。以鳥為命あり、以魚為命あり。以命為鳥なるべし、以命為魚なるべし。このほかさらに進歩あるべし。修証《しゅしょう》あり、その「寿者命者《じゅしゃみょうしゃ》」あることかくのごとし。

『正法現蔵』「現成公案」

【訳】このようにして、それぞれ（頭々《ずず》）にその限界を尽くさずということはなく、それぞれのところで水を行き、ところとして飛ばざるところはない。鳥がもし空を離れ、魚が水を出たら忽ち《たちま》に死ぬ。そこで魚には「水は命であり」、鳥にとっては「空が命である」ことが知られる。さらに言えば、鳥が命であり、魚が命であり、命が鳥であり、命が魚である、とも言える。このほかに、さらに進んだ言い方もあろう。我々に修証《しゅしょう》（修行と悟り）があり、寿命があるのもまたそのようなことである。

〔注〕踏飜《とうほん》…けとばす。相対的差別をうち消すこと。

18日 水をきわめ、そらをきわめてのち

水をきわめ、そらをきわめてのち、水そらをゆかんと擬《ぎ》する鳥魚あらんは、水にも、そらにも、みちをうべからず、ところをうべからず。このところをうれば、この行李《あんり》したがいて現成公案《げんじょうこうあん》す。

『正法眼蔵』「現成公案」

【訳】水を究《きわ》め、空を究めてから後に、水に泳ぎ、空を飛ぼうとする鳥魚がいたら、水にも空にもその道を得ず、その処を得ることもできない。その処《ところ》を得れば、日常のありよう（行李《あんり》）に応じて真実が実現し、顕現《けんげん》するのである。

19日 大にあらず小にあらず

このみちをうれば、この行李《あんり》したがいて現成公案《げんじょうこうあん》なり。このみち、このところ、大にあらず小にあらず、自《じ》にあらず他《た》にあらず、さきよりあるにあらず、いま現ずるにあらざるがゆえに、かくのごとくあるなり。

『正法眼蔵』「現成公案」

【訳】この道を得れば、日常の現実が真実となって現れる（現成公案）。この道、この所は、大でもなく小でもなく、自分でもなく他のものでもなく、初めからあるものでもなく、今現れたものでもないので、まさにこのようにあるのである。

20日　仏家一大事の因縁なり

三歳の孩児《がいじ》は仏法をいうべからずとおもい、三歳の孩児のいわんことは容易ならんとおもうは至愚なり。そのゆえは、生をあきらめ死をあきらむるは、仏家一大事の因縁なり。

『正法眼蔵』「諸悪莫作」

【訳】三歳の幼児は、仏法の真実を語ることはできないと思い、三歳の幼児の言うことは幼稚で簡単だと思うのは極めて愚かなことである。そのわけは、生まれた時から死を背負っていく人生のなかで、人間の真実のすがたを解明することこそが、仏教徒の一番重要なことだからである。

21日　諸悪莫作《しょあくまくさ》ときこえざるは

この無上菩提《むじょうぼだい》を或従知識《わくじゅうちしき》してきき、或従《わくじゅう》経巻《きょうかん》してきく。はじめは、諸悪莫作《しょあくまくさ》ときこゆるなり。諸悪莫作ときこえざるは、仏正法にあらず、魔説なるべし。

『正法眼蔵』「諸悪莫作」

【訳】この究極の悟りを、あるいは善知識にしたがって聞き（或従知識《わくじゅうちしき》）、あるいは経典から学ぶ（或従経巻《わくじゅうきょうかん》）のであるが、はじめは「諸悪莫作《しょあくまくさ》」、つまり諸々の悪を作《な》すなかれとのみ聞こえる。諸悪莫作と聞こえないのは正伝の仏法ではない。魔説である。

22日 さとりはなきことぞともしるべし

もしさとりよりさきのおもいをちからとして、さとりのいでこんは、たのもしからぬさとりにてありぬべし。さとりよりさきにちからとせず、はるかにこえてきたれるゆえに、さとりとは、ひとすじにさとりのちからにのみたすけらる。まどいは、なきものぞともしるべし、さとりはなきことぞともしるべし。

『正法眼蔵』「唯仏与仏」

【訳】もしも、以前に考えたことを原動力として、それで悟ったというなら、その悟りは真につまらぬ悟りである。そうではなく、悟りより以前の考え方によらず、それをはるかに超えたところから実現したのであるから、悟りというものは、ただ一筋に悟りの力によってのみ支えられてきたものである。また、迷いなどというものもないのだと知るべきであり、悟りというものも別にないものとも知るべきである。

23日 究竟《くぎょう》に究尽《ぐうじん》なきにあらず

おおよそ初心の情量は、仏道をはからうことあたわず、測量《しきりょう》すといえどもあたらざるなり。初心に測量せずといえども、究《く》竟《ぎょう》に究尽《ぐうじん》なきにあらず。

『正法眼蔵』「渓声山色」

【訳】およそ、仏道における初心のものがその常識で仏道をおし測ってみても、決して測りえて承当するものではない。しかし、初心で測りえないと言っても、究め尽くした安心の世界・究極の境地（究竟《くぎょう》）を究め尽く（究尽《ぐうじん》）せないわけでもない。

24日 必然として掃破《そうは》す太虚空《たいこくう》

必然として掃破《そうは》す太虚空《たいこくう》、万別千差《ばんべつせんさ》尽《ことごと》く豁通《かっつう》す、師子《しし》、児《こ》に教う獅子《しし》の訣《おしえ》、一斉《いっせい》、都《すべ》て画図《がず》の中《うち》に在り。

『永平広録』巻六　上堂446

【訳】何もないものとしての象徴である大虚空を掃《ぬぐ》い去る、つまり森羅万象《しんらばんしょう》が空であることに悟り至れば、千差万別の現象の尽《ことごと》くが全てに通じ合うのは必然である。獅子《しし》が獅子の児に教えを授けるのは獅子としての定めであるように、仏法が師資相承されるのは、絵に描かれているように明らかなことである。

25日 作仏《さぶつ》は新古《しんこ》にあらず

須《すべか》らく知るべし。作仏《さぶつ》は新古《しんこ》にあらず。修証《しゅしょう》、豈唯《あにただ》辺際中《へんざいちゅう》ならんや。道《い》うこと莫《なか》れ本来《ほんらい》無《む》一物《いちもつ》と。因円《いんえん》果満《かまん》、時《とき》有って通ず。

『永平広録』巻七　上堂526

【訳】仏となるのは、新たになったとか本《もと》から仏だというのではない、ということを確実に知ることである。修行と証悟《しょうご》は、ただ有限の区切られた中だけのことか。人間本来何も持っていないなどと慧能《えのう》の「本来《ほんらい》無一物《むいちぶつ》」を真似てはならぬ。因《いん》がまどかであれば、果《か》は必ず円満《えんまん》となる、そのように時節が来れば仏法に通達するのだ。

26日 華開けば必ず真実を結ぶ

華開けば必ず真実を結ぶ、青葉秋に逢えば即ち紅《くれない》なり。

『永平広録』巻七　上堂526

【訳】菩提心《ぼだいしん》の花が開けば、必ず真実の実を結ぶ、青葉も秋になれば必ず紅葉する、それは時節によるのである。

27日 説《せっ》心《しん》説《せっ》性《しょう》して証《しょう》契《けい》するなり

証契《しょうけい》よりさきの説心説性《せっしんせっしょう》は、仏道なりといえども、説心説性して証契するなり。証契は迷者《めいしゃ》のはじめて大悟《だいご》するをのみ証契というと参学すべからず。迷者も大悟し、悟者も大悟し、不悟者も大悟し、不迷者も大悟し、証契者も証契するなり。

『正法眼蔵』「説心説性」

【訳】人は、未だ悟りにかなわぬ先に心と説き性と説くが、それもまた仏道であり、そのように説心説性してやがて悟りにいたる。悟りにかなうのは、迷った人が、初めて大悟するのを悟りにかなうというのだと学んではならない。迷った人も悟るのであり、悟れる人も悟るのであり、また、悟らぬ人も大悟するのであり、迷わぬ人も大悟するのであり、悟りにかなった人もまた悟りにかなうのである。

【注】説心説性…五月三日の〔注〕参照。
証契…証はさとり、契は合うこと。さとりに合致する。

28日

説心説性《せっしんせっしょう》はこれ七仏祖師の要機なり

唐代より今日にいたるまで、説心説性《せっしんせっしょう》の仏道なることをあきらめず、教行証の説心説性にくらくして、胡説乱道《うせつらんどう》する可憐憫者《かれんみんじゃ》おおし。身先身後にすくうべし。為道すらくは、説心説性はこれ七仏祖師の要機なり。

『正法眼蔵』「説心説性」

【訳】唐代の頃から今日にいたるまで、説心説性が仏道であることを知らず、教を聞き、行を修し、証を得る、その各段に説心説性のあることを理解できずに、いい加減にでたらめに仏道を語っている（胡説乱《うせつろん》道《どう》）哀れむべき輩（可憐憫者《かれんみんじゃ》）が多い。このような哀《あわ》れな人々を、過去にわたっても救わねばならない。が、彼らのためにまず、言わねばならないの（為道）は、説心説性ということは、これこそが、七仏や仏祖たちの最も肝要《かんよう》なことであるということである。

【注】説心説性…五月三日の〔注〕参照。

29日　心鳴《しんめい》は即ち是《こ》れ、空鳴《くうめい》なるべし

心鳴《しんめい》は即ち是《こ》れ、空鳴《くうめい》なるべし。若《も》し心《しん》鳴《めい》と道《い》わば、実《じつ》に鈴鳴《れいめい》なり。風鈴《ふうれい》鳴らずんば、心《しん》、鳴らず。如何《いかん》が喚《よ》んで、是れ心鳴《しんめい》となさん。

『永平広録』巻四　上堂283

【訳】心が鳴るというのは、心に実体はないので空が鳴るというべきである。もし、心が鳴るとすれば、鈴が鳴るということもあるべきで、風も、鈴も鳴らなければ、心も鳴らない。寂静《じゃくじょう》なる世界には鳴るものと聞くものの区別はない。それをどうして心が鳴るといえようか。

【注】僧伽難提尊者が迦耶舎多に、殿堂に掛かる風鐸の鳴るのを聴いて「風が鳴るのか、鈴が鳴るのか」と質問したところ、迦耶舎多は「風でも鈴ではなく、わが心が鳴る」と答えた。尊者が「心が鳴るとは」と言うと「心鳴風鳴、倶に寂静という境涯にあって鳴る」と答えた故事がある。

30日 二祖の参学の力なり

いまのともがら、あきらかに信ずべし、仏法の振旦《しんだん》に正伝《しょうでん》せることは、ただひとえに二祖の参学の力なり。初祖たとい西来せりとも、二祖をえずば、仏法つたわれざらん。二祖もし仏法をつたえずば、東地いまに仏法なからん。おおよそ二祖は、余輩《よはい》に群すべからず。

『正法眼蔵』「四禅比丘」

【訳】今の人々は、はっきりと信ずることが必要である。仏法が中国に正伝したことは、ただひとえに二祖慧可（四八七―五九三）大師の参学の力によるものである。たとえ初祖達磨大師《だるまたいし》が西の方（インド）より中国に来られても、もし二祖を得なければ、仏法は伝わらなかったであろう。もしも二祖がその達磨の仏法を伝えなかったならば、中国には今も仏法はないであろう。二祖慧可という方は、我々（余輩《よはい》）と並び立つお方ではない。

【注】七月一六日の項参照。

31日　十方仏土中は、法華の唯有なり

十方仏土中は、法華の唯有《ゆいう》なり。これに十方三世一切諸仏、阿《あ》耨《のく》多《た》羅《ら》三《さん》藐《みゃく》三《さん》菩《ぼ》提《だい》衆は、転法華あり、法華転あり。これすなわち、本行菩薩道の不退不転なり。

『正法眼蔵』「法華転法華」

【訳】十方の仏国土の世界にはただ法の華があるばかりである。ありとあらゆる世界の過去・現在・未来の全ての諸仏・そして諸菩薩が、この法華の事実を説き示し（転）、さらに自らもこの法華に説き示されている。これこそが本来の菩薩道であり、仏法の真実が確立した（不退不転）の世界である。

9月

知識というは、全自己の仏祖なり
経巻というは、全自己の経巻なり

1日　九月初一の上堂《じょうどう》

九月初一の上堂《じょうどう》。蒲団《ふとん》に倚坐《きざ》し、思量《しりょう》す箇《こ》の非思量。精魂《しょうこん》を鼓弄《ころう》し、奇怪《きかい》なり魔魅《まみ》魍魎《もうりょう》。住山《じゅうざん》の老僧《ろうそう》、一口に呑《の》む仏と衆生《しゅじょう》と。踞地《こち》の獅子《しし》、一捉《そく》に得たり兎《と》と猛象《もうぞう》と。図《ず》仏坐仏《ぶつざぶつ》の磨甎《ません》を打砕《たさい》し来《きた》り、三乗《じょう》五乗の疑《ぎ》網《もう》を笑殺《しょうさつ》し去る。

『永平広録』巻四　上堂279

【訳】九月一日、上堂。坐蒲《ざふ》の上に端坐《たんざ》し、非思量という絶対の境涯を思いはかる。すると、自分の精魂《しょうこん》をつきあげもてあそばんとばかりに、様々な思いが、奇っ怪な魑魅《ちみ》魍魎《もうりょう》のごとくに現れる。しかし、一山の住職である私は、仏であろうが衆生《しゅじょう》であろうが、そのようなものは一口に呑み込む。地面に踞《うずくま》っていた獅子《しし》が、一気に、小さな兎であろうが猛り狂った象であろうが、区別せずに全力でひと掴みに捉えるように。時には、かって南嶽が甎《せん》を研いで、無所得の坐禅を示したように、坐禅して仏になろうなどと、目的をもった坐禅や仏として坐る坐禅さえも粉砕し、また、仏法追求の様々な立場である三乗や五乗などという疑惑の網をも笑い飛ばす。

【注】三乗五乗の疑網…声聞・縁覚・菩薩の三乗と人間・天上を加えて五乗とする教法。

2日　世の中に　まことの人や

世の中に　まことの人や　なかるらん
　限りも見えぬ　大空の色
　『傘松道詠集』「尽十方界真実人体」

【訳】世の中のあらゆるものは、その全ての存在があるべきところで活き活きと活動しているのだと、真の仏法を体得した人はいないのだろうか。無限なる大空を見上げてみれば、その無限なる虚空《こくう》の色さえ仏の世界の真実の姿なのである。

【注】「尽十方界真実人体」…あらゆる世界が仏のすがた・いのちであり、すべての存在が真実として現実の世界に現れ（現成）ていること。

3日　千人と万人と背《そむ》かず

千人と万人と背《そむ》かず、身心脱落《しんじんだつらく》、参堂去《さんどうこ》。
　『永平広録』巻一　上堂18

【訳】千人万人の多くの人の中にありながら、何ものにも背を向けず、本来あるべき人の生きざまに立って、身と心の執《と》われをすべて脱落して、僧堂に坐《すわ》らなければならぬ。

【注】参堂去…僧堂に入ること。去は…に行くの意。

4日 生は一枚にあらず

生はいまだ死に礙《ぎ》せられざるかゆえに学道なり。生は一枚にあらず、死は両匹《りょうひつ》にあらず、死の生に相対《そうたい》するなし、生の死に相待するなし、

『正法眼蔵』「身心学道」

【訳】生は、決して死に妨げられることはないと学ぶのである。生は生であっても一つではなく、死もまた死のみで二つあるわけではない。一つ二つという、数にはとらわれない。死は生に相対《あいたい》するものではなく、生もまた死に相対するものではないのである。

5日 この生死は、すなわち仏の御いのちなり

この生死は、すなわち仏の御いのちなり。これをいとすてんとすれば、すなわち仏の御いのちをうしなわんとするなり。

『正法眼蔵』「生死」

【訳】我々の生死こそは、実は仏の命そのものである。これを厭《いと》って避けようとすれば、仏の命も失うこととなる。

6日　諸仏にひとしむる、迷中《めいちゅう》又深迷《じんめい》なり

学者くらきによりて、諸仏にひとしむる、迷中《めいちゅう》又深迷《じんめい》なり。孔老は三世をしらず、多劫をしらざるのみにあらず、一念しるべからず、一心しるべからず。なお日月天《にちがってん》に比すべからず、四大王・衆天《しゅてん》におよぶべからざるなり。世尊に比せば、世間・出世間に迷惑するなり。

『正法眼蔵』「四禅比丘」

【訳】仏道の学者たちは、真の仏道の事情を分からないままに、孔子・老子を諸仏と等しいとすることは、迷いの中でも最も深い迷いである。孔子・老子は過去・現在・未来の三世を知らず、仏教で説く長時間（多劫）も知らないばかりではなく、また極めて短い時間に起こる心の作用（一念）も相対的な心のはたらき（一心）も知らない。日天子・月天子にさえ比べようがないし、四大王や諸天にも及ばない。それを釈《しゃく》尊《そん》に比較するなどは、俗世間の人も出世間の人も迷惑するだけである。

【注】八月四日の〔注〕参照。

道元は、儒教・道教の存在を認めながらもその根本が一致する三教一致説を排し、「孔老内徳なし、外用なし、世尊におよぶべからず。三教一致の邪説をはかんや」（「四禅比近」）と説いている。

7日 心を通ぜず、性に達せざる庸流《ようる》

心を通ぜず、性に達せざる庸流《ようる》、くらくして説心説性《せっしんせっしょう》をしらず、談玄談妙をしらず、仏祖の道《どう》にあるべからざるといい、あるべからざるとをしう。説心説性を説心説性としらざるによりて、説心説性を説心説性とおもうなり。これことに大道の通塞を批判せざるによりてなり。『正法眼蔵』「説心説性」

【訳】心がいかなるものかを知らず、性に通じない凡庸《ぼんよう》の徒は、おろかにして説心説《せっしんせっ》性《しょう》を知らず、それは仏道の奥深く玄妙そのところを談ずるのだと知らないから、そのようなことは、仏祖の言葉ではありえない、あってはならないと、そのように教える。それは、「説心説性」というのは「心と説き性と説く」ということの真意を知らないから、説心説性といえば、「心を説き性を説いてその執《とら》われから脱却するのだ」と思いこんでいるからである。それは、何よりも、どうすれば仏道のことに通じ、どうすれば通じなくなるか、について徹底して、はっきりと見分（批判）しないので、よく判《わか》っていないからである。

【注】八月二七日の項参照、五月三日の〔注〕参照。

8日　諸仏諸祖の受持し単伝するは古鏡《こきょう》なり

諸仏諸祖の受持し単伝するは古鏡《こきょう》なり。同見同面なり、同像同鋳《どうしゅ》なり、同参同証す。胡来胡現、十万八千、漢来漢現、一念万年なり。古来古現し、今来今現し、仏来仏現、祖来祖現するなり。

『正法眼蔵』「古鏡」

【訳】諸仏諸祖が、受持し純粋に保持し相伝（単伝）してきたのは、「古鏡《こきょう》」そのものの事実である。それは常に、同じ面を映し、同じ姿を映し、同じ鏡像で同じ鋳造である。古来、諸仏諸祖は、同じ鏡に参究し、そこに同じ証を映し出してきた。異邦人（胡人）が来れば異邦人を、中国人（漢人）が来れば中国人を、そのままを数限りなく映し出した。今昔という時をえらばず、古人が来れば古人を映し出し、今人が来れば今人を映し出し、仏が来れば仏を現じ、また祖が来れば祖を映し出してきたのである。

9日 人をかがみとす

人をかがみとすというは、鏡を鏡とするなり、自己を鏡とするなり。

『正法眼蔵』「古鏡」

【訳】人を鏡とするというのは、鏡を鏡とすることであり、自分自身を鏡とするのである。

10日 二枚なるべからざるなり

明鏡来は、たとい明鏡来なりとも、二枚なるべからざるなり。たとえ二枚にあらずというとも、古鏡はこれ古鏡なり、明鏡はこれ明鏡なり。

『正法眼蔵』「古鏡」

【訳】「明鏡が来る」というのは、たしかに「明鏡が来る」ということであるが、それは古鏡と明鏡の二枚をいうのではない。たとえ二枚ではないにしても、古鏡は古鏡であり、明鏡は明鏡である。古鏡あり、明鏡ありというのは、古仏たちも体験している事実である。

11日 ことなる尺丈にはあらざるなり

一丈これを世界という、世界はこれ一丈なり。一尺これを世界とす、世界これ一尺なり。而今《にこん》の一丈をいう、而今の一尺をいう、さらにことなる尺丈にはあらざるなり。

『正法眼蔵』「古鏡」

【訳】一丈という長さをもって世界とするならば、世界は一丈にすぎない。一尺を世界とすれば一尺が世界である。これはただ物差しではかった世界ではなく、今、即今《そっこん》の（而今《にこん》）一尺であり一丈であって、それ以外のものではない。

12日 世界のひろさは

この因縁を参学するに、世界のひろさは、よのつねにおもわくは、無量無辺の三千大千世界、および無尽法界というも、ただ小量の自己にして、しばらく隣里の彼方《かなた》をさすがごとし。

『正法眼蔵』「古鏡」

【訳】この世界の因縁を参学する場合、「世界の広さ」というと、世間では無量無辺の三千大世界あるいは無尽法界などというが、それは自分の小さな頭の中に思い浮かべただけで、それは隣村のかなたを指して言っているだけにすぎないのである。

13日 発菩提心《ほつぼだいしん》は、あるいは生死《しょうじ》にして

発菩提心《ほつぼだいしん》は、あるいは生死《しょうじ》にしてこれをうることあり、あるいは涅槃《ねはん》にしてこれをうることあり、あるいは生死涅槃のほかにしてこれをうることあり。ところをまつにあらざれども発心のところにさえられざるあり。

『正法眼蔵』「身心学道」

【訳】道心を発し菩提《ぼだい》を求める心を起こす（発菩提心《はつぼだいしん》）ことは、迷い（生死《しょうじ》）のなかでも、さとり（涅槃《ねはん》）のなかでも、あるいは迷い・さとりと関係なく得ることもある。発心するところは何処《どこ》と限ったものでなく、発心の場は境界に左右されない。

14日 出家功徳《くどく》、それいくらばかりなるべきぞ

畢竟《ひっきょう》じてとうべし、出家功徳《くどく》、それいくらばかりなるべきぞ。かれにむかうていうべし、頂𩕳許《ちょうねいこ》なり。

『正法眼蔵』「出家」

【訳】結局のところ、「出家の功徳《くどく》とはいったいどれほどのものか」と問うならば、その人の頭の天辺まで全てに及ぶ、つまり思慮分別を超越した全てだと言おう。

【注】頂𩕳許……頭のてっぺんの意。

15日　女人《にょにん》をばすつべきか

ながく女人《にょにん》をみじと願せば、衆生《しゅじょう》無辺《むへん》誓願度《せいがんど》のときも、女人をばすつべきか。すてては菩薩《ぼさつ》にあらず、仏慈悲《ぶつじひ》といわんや。ただこれ声聞《しょうもん》の酒にようことふかきによりて、酔狂《すいきょう》の言語なり。『正法眼蔵』「礼拝得髄」

【訳】生涯、女性を見ないと願を立てれば、「衆生無辺誓願度《しゅじょうむへんせいがんど》」という誓願をたてる時、女性を無視するのか。無視をすれば菩薩《ぼさつ》ではないし、仏の慈悲とはいわない。これは、劣なる人の酒に酔った酔狂《すいきょう》な言葉である。

【注】八月五日・八月七日・九月一六日参照。

16日　日本国にひとつのわらいごとあり

日本国にひとつのわらいごとあり。いわゆるあるいは結界の境地と称し、あるいは大乗の道場と称して、比丘尼《びくに》・女人《にょにん》等を来入せしめず。邪風ひさしくつたわれて、人わきまうることなし。（中略）わらわば人の腸もたえぬべし。『正法眼蔵』「礼拝得髄」

【訳】我が国には、一つの笑いごとがある。結界の地とか大乗の道場と称して、比丘《びく》尼《に》・女性を入れないという邪風が長く伝わり、誰もそれが邪風だと弁《わきま》える人がいないことである。（中略）こんなことは、可笑しくて、笑えば腸も耐えられない。

17日　女人《にょにん》なにのとがかある

女人《にょにん》なにのとがかある、男子なにの徳かある。悪人は男子も悪人なるあり、善人は女人も善人なるあり。聞法をねがい出離をもとむること、かならず男子女人によらず。

『正法眼蔵』「礼拝得髄」

【訳】女性に、何の罪があるのか。男性に、何の徳があるのか。悪人は男性にもいるし、善人は女性にもいる。仏法を聞きたいと願い、迷いを離れたいと求めるのは、男女に限らない。

【注】道元は女性を区別する「結界」を日本の笑うべき邪風と断じている。九月一六日参照。

18日　知識というは全自己の仏祖《ぶっそ》なり

阿耨多羅三藐三菩提《あのくたらさんみゃくさんぼだい》の修証《しゅしょう》、あるいは知識をもちい、あるいは経巻《きょうかん》をもちいる。知識というは全自己の仏祖《ぶっそ》なり、経巻というは全自己の経巻なり。

『正法眼蔵』「看経」

【訳】究極の悟り（阿耨多羅三藐三菩提《あのくたらさんみゃくさんぼだい》）を修行し悟るには、善知識に従いあるいは経《きょう》巻《かん》を用いる。知識というのは、小さい自己の分別・見解を離れ、全世界を自己の活現とみる全自己の仏祖であり、経巻というのも、そうした全自己の経巻である。故に全自己をもって仏道に専心するのである。

19日 眼睛《がんぜい》として看経《かんきん》するなり

おおよそ看経《かんきん》は、尽仏祖を把拈《はねん》しあつめて、眼睛《がんぜい》として看経するなり、正当恁麼時《しょうとういんもじ》、たちまちに仏祖作仏し説法し、説仏し仏作《ぶっさ》するなり。

『正法眼蔵』「看経」

【訳】いったい、「看経《かんきん》」というのは、仏祖方全てを集め（把拈《はねん》）て、それを自分の眼の玉として経を看るのである。まさにその時（正当恁麼時《しょうとういんもじ》）、たちまちに仏祖が仏となって法を説き、さらに仏を説き、仏が仏としてのはたらきをするのである。

20日 横説竪説《おうせつじゅせつ》、妙行密行《みょうぎょうみつぎょう》に一如《にょ》なり

横説竪説《おうせつじゅせつ》、妙行密行《みょうぎょうみつぎょう》に一如《にょ》なり。妙行密行、横説竪説に一如なり。

『永平広録』巻七　上堂498

【訳】縦横無尽《じゅうおうむじん》に仏法を説く、それは仏道を微妙綿密に行ずるに等しい。仏道を微妙綿密に行ずるのは、縦横無尽に仏法を説くに等しい。

21日 仏仏祖祖《ぶつぶつそそ》の家風は、坐禅弁道《ざぜんべんどう》のみ

仏仏祖祖《ぶつぶつそそ》の家風《かふう》は、坐禅弁道《ざぜんべんどう》のみなり。先師天童曰《せんしてんどういわ》く「跏趺坐《かふざ》は乃《すなわ》ち古仏《こぶつ》の法なり。参禅《さんぜん》は身心脱落《しんじんだつらく》なり。不要《ふよう》、焼香《しょうこう》・礼拝《らいはい》・念仏《ねんぶつ》・修懺《しゅさん》・看経《かんきん》。祇管打坐《しかんたざ》して始めて得《う》。夫《そ》れ坐禅は、乃ち第一に磕睡《かっすい》すること莫《なか》れ。是《こ》れ、刹那須臾《せつなしゅゆ》なりと雖《いえど》も、猛壮《もうぞう》を先《さき》と為《な》す」と。

『永平広録』巻六　上堂432

【訳】仏々祖々《ぶつぶつそそ》の家風は、坐禅弁道《ざぜんべんどう》のみである。先師天童古仏《せんしてんどうこぶつ》は「結跏趺坐《けっかふざ》こそは古仏の修行法である。参禅とは身心脱落《しんしんだつらく》のことである。それには、焼香《しょうこう》・礼拝《れいはい》・念仏《ねんぶつ》・修懺《しゅさん》・看経《かんきん》など、身が動き心が働くことなど所作のあることは必要としない。坐禅はそれら全てを包含し、それは、只《し》（祇）管《かん》坐禅する、そこにこそ初めて成り立つのである。坐禅の第一のこころえは、坐禅中は決して眠ってはならぬ。一刹那、一瞬であっても勇猛果敢《ゆうもうかかん》でなければならぬ」と、言われた。

【注】「焼香」は香を薫じて浄めること。「礼拝」は仏祖や尊宿に低頭敬礼すること。「念仏」は一心不乱に口に仏名を唱えること。「修懺」は自分の犯した罪を仏祖に懺悔すること。「看経」は経文を看読すること。それらはそれぞれに目的を持ち、何らかの行為を伴い、身心ともにゆらぐことになる。

22日 この道理にあらず

仏法の密語・密意・密行等は、この道理にあらず、人にあう時節、まさに密語をきき密語をとく。おのれをしるとき密行をしるなり。いわんや仏祖よく上来の密意・密語を究弁《きゅうべん》す。しるべし仏祖なる時節、まさに密語・密行、きおい現成するなり。

『正法眼蔵』「密語」

【訳】仏法でいう密語・密意・密行などの「密」というのは、世間でいう道理、つまり人に知られない秘密とか内密などという意味ではない。仏祖の親切切々とした決めの細かな配慮、親密なことである。釈尊《しゃくそん》の親身から出る絶対的な奥義の言葉、親身で隙間のない言葉、愛情のこもったものが、密語・密意・密行である。故《ゆえ》に、人に出遇《あ》う時にこそ密語を聞き、密語を説くのである。よく自分自身を知る時、密行を知るのである。ましてや仏祖方は、以上の真の密語・密意・密行を参究し尽くしよく弁えているからこそ、仏祖方においては密意・密語・密行が次々に実現するのである。

22日 知識と経巻《きょうかん》

知識というは、全自己の仏祖なり。経巻《きょうかん》というは、全自己の経巻なり。全仏祖の自己、全経巻の自己なるがゆえにかくのごとくなり。

『正法眼蔵』「看経」

【訳】善知識というのは、彼我・自他にかかわる小さい自己の分別・見解を離れ、全世界を自己の生きざまとみる仏祖のことであり、経巻《きょうかん》というのは、そうした全自己の経巻である。これを言いかえれば、仏祖全体が自己であり、全経巻が自己であるゆえに、このように言うのである。

23日 生はひとときのくらい

生より死にうつると心うるは、これあやまりなり。生はひとときのくらいにて、すでにさきあり、のちあり。かるがゆえに、仏法のなかには、生すなわち不生という。滅もひとときのくらいにてまたさきあり、のちあり。これによりて、滅すなわち不滅という。

『正法眼蔵』「生死」

【訳】生死の考え方で、生から死へ移ると考えるのは誤りである。生は生そのものとして一時のあり方で、その中に前も後もある。それ故に、仏法では、生を不生といい、滅もまた不滅という。

24日　生《しょう》というときには

生《しょう》というときには、生よりほかにものなく、滅というときは滅のほかにものなし。かるがえに、生きたらばただこれ生、滅きたらばこれ滅にむかいてつかうべしといいうことなかれ、ねがうことなかれ。

『正法眼蔵』「生死」

【訳】生という時は、生ばかりで外には何もなく、滅という時は滅ばかりで何もない。要するに、生死は際断《さいだん》しているのであるから、生《しょう》の時は生、生になりきる。滅が来たら滅になりきる。そのようにして厭《いと》うこともなく、また願うこともないと心得る。

25日　長月の　紅葉の上に

長月の　紅葉の上に　雪ふりぬ
　見る人誰か　言の葉のなき
「寛元三年（一二四五）九月二五日
　初雪の一尺ばかり降りける時」

『傘松道詠集』

【訳】秋も深まり、早くも紅葉の上に初雪が一尺も降り積もった。この素晴らしい紅葉と白雪の妙趣《みょうしゅ》を一体誰が詠《よ》まぬことがあろうか。

26日 時は一向にすぐるとのみ計功《けいこう》して

時は一向にすぐるとのみ計功《けいこう》して、未到と解会《げえ》せず。解会は時なりといえども、他にひかるる縁なし。去来《こらい》と認じて、住位の有時と見徹せる皮袋《ひたい》なし。いわんや透関《とうかん》の時あらんや。

『正法眼蔵』「有時」

【訳】時はひたすら過ぎゆくものと思い、いまだ到らざるのも時であることを理解しない。理解も時だが、時はその理解とは何の関係もない。時を去来するものとのみ認識して、そこに存在する絶対不動の時があることを見透し徹する人はない。それでは解脱の境地に達する時なぞはない。

27日 華にも月にも

たとえば人にあうに、面目のいかようなるとおぼえ、又、華にも月にも、いまひとつの光色おもいかさね、又、春はただ春ながらの心、秋もまた秋ながらの美悪《よしあし》にて、のがるべきにあらぬを、われにあらざらんとするには、われなるにておもいしるべし。

『正法眼蔵』「唯仏与仏」

【訳】人に会う時どんな顔をしているかとか、花や月にも自分の思いを重ねてみる。が、春はただの春の心、秋も秋ながらの風情であるのに、あえて自分の意識を雑《まじ》えまいとするが、それでどうなるものでもない。

28日 有時なるによりて吾有時なり

時もし飛去に一任せば、間隙《かんげき》ありぬべし。有時の道《どう》を経聞《きょうもん》せざるは、すぎぬるとのみ学するによりてなり。要をとりていわば、尽界にあらゆる尽有は、つらなりながら時時なり。有時なるによりて吾有時なり。

『正法眼蔵』「有時」

【訳】もし、時が飛び去るだけのものであるならば、そこに隙間があることになる。この有時の言葉を聞いて理解できないのは、時はただ過ぎ去るものとばかり学んでいるからである。要点を言えば、あらゆる世界のあらゆる存在は、一つに連《つら》なりながらも、その時その時の時間・生命なのである。現実の存在としての時間であるからこそ、自分という存在に関連した現実の時間なのである。

29日 山も時なり、海も時なり

山も時なり、海も時なり。時にあらざれば山海《さんがい》あるべからず、山海の而今《にこん》に時あらずとすべからず。時もし壊すれば山海も壊す、時もし不壊なれば、山海も不壊なり。この道理に明星《みょうじょう》出現す、如来出現す、眼睛《がんぜい》出現す、拈華《ねんげ》出現す。これ時なり。時にあらざれば不恁麼《ふいんも》なり。

『正法眼蔵』「有時」

【訳】山も時、海も時である。時でなければ山も海も存在しない。山や海に「いま」(而今《にこん》)という時がないなどとしてはならない。時がなくなれば山海もなくなる。時がもしなくならなければ山海もなくならない。この道理があってこそ、釈尊《しゃくそん》の成道された時、明星《みょうじょう》が出現し、釈尊が出現し、眼《がん》睛《ぜい》が出現し、拈華《ねんげ》のことがあるのである。これこそが時であり、時がなければそのようなことはあり得ないのである。

【注】明星出現……釈尊の成道のあかつきに、東天に明星がまたたいたという故事。

拈華……釈尊の拈華微笑《みしょう》の故事によって仏々祖々の正伝の仏法が相承されたこと。

30日　三秋《しゅう》の暮《ぼ》律清涼《りつせいりょう》の候《こう》

三秋《しゅう》の暮《ぼ》律清涼《りつせいりょう》の候《こう》、繊月叢虫万感《せんげつそうちゅうばんかん》の中《うち》、夜静かに更《こう》闌《た》けて北斗《ほくと》を望む、暁天将《ぎょうてんまさ》に到《いた》りなんとして東を指す。

『永平広録』巻十「偈頌１０７」

【訳】晩秋の暮れなずむ時節の気は、清涼に澄みわたり、三日月の下の草むらの虫は万感の思いで鳴いているが、その声を聞く私も様々な思いが胸にせまる。やがて、その虫の音も闇夜も閑《しず》かに更けて、北斗星を望めば、夜の白むにしたがいその柄《え》の先を東に向けて落ちてゆく。

10月

今生もし学道修行せずは、
何れの生にか器量の物となり、
不病の者とならん

1日 生死《しょうじ》のなかに仏あれば、生死なし

生死《しょうじ》のなかに仏あれば、生死なし。またいわく、生死のなかに仏なければ、生死にまどわず。こころは夾山《かっさん》・定山《じょうざん》といわれし、ふたりの禅師のことばなり。得道の人のことばなればさだめてむなしくもうけじ。生死をはなれんとおもわん人、まさにこのむねをあきらむべし。

『正法眼蔵』「生死」

【訳】「生死《しょうじ》の中に仏があれば、生死はない」。また「生死の中に仏がなければ、生死に迷うことはない」。これらの言葉は夾《かっ》山《さん》・定山《じょうざん》といわれた二人の禅師のことばであるから、悟りを得た人たちの言葉であるから虚しい意味のない言葉ではない。生死の迷いから離れようと思う人は、この言葉の趣旨を明らかにするべきである。

【注】夾山善会…夾山（八〇五―八八一）は、薬山惟儼（七四五―八二八）に侍すること三〇年でその法を嗣いだ船子徳誠（不詳）の法嗣。船子は華亭で小舟を浮べて法を説いたが、薬山の報恩に報いるべき弟子がない。そこで道吾（七六九―八三五）により夾山を得て、夾山に法を伝えて後、自から舟を蹈翻して煙波に没した。定山は定山神英（不詳）潙仰宗の祖潙山霊佑に嗣法した。

2日 善悪は時なり、時は善悪にあらず

善悪は時なり、時は善悪にあらず。善悪は法なり、法は善悪にあらず。

『正法眼蔵』「諸悪莫作」

【訳】善悪は、その時の状況で決まるが、時そのものが善悪なのではない。善悪は、因果の法である。その因果の法は善悪ではない。

3日 これ仏正法なり

しるべし、諸悪莫作《しょあくまくさ》ときこゆる、これ仏正法なり。この諸悪つくることなかれといふ、凡夫《ぼんぷ》のはじめて造作《ぞうさ》して、かくのごとくあらしむるにあらず。菩提の説となれるを聞教するに、しかのごとくきこゆるなり。

『正法眼蔵』「諸悪莫作」

【訳】「諸悪莫作《しょあくまくさ》」と聞こえることこそが仏の正法であることを知らねばならぬ。この「諸悪をつくることなかれ」というのは凡《ぼん》夫《ぷ》が自ら造りだして、そのようになったのではない。最高の智慧《ちえ》の説かれるのを聞くと、自ずとそのように聞こえてくるのだ。

4日 諸悪なきにあらず、莫作《まくさ》なるのみなり

諸悪なきにあらず、莫作《まくさ》なるのみなり。諸悪あるにあらず、莫作なるのみなり。

『正法眼蔵』「諸悪莫作」

【訳】諸悪がないのではない。ただ莫作《まくさ》の事実のみであって、有無などという観念が入りようがない。諸悪があるのではない。ただ諸悪は莫作としての事実のみで、そこには空とか色（現象）という観念も入りこめない。ただ「莫作」である。

【注】莫作…「なすことなかれ」あるいは「なすことなし」が原意だが、道元は「つくることができない」の意に用いている。

5日 生死去来《しょうじきょらい》、真実人体なり

古徳いわく「生死去来《しょうじきょらい》、真実人体なり」。

『正法眼蔵』「諸悪莫作」

【訳】古徳は「生まれ変わり死に変わりする（生死去来《しょうじきょらい》）その身こそが、そのままが真実の人のすがたである」と言った。

〔注〕古徳…圜悟克勤（一〇六三－一一三五）。『圜悟禅師語録』（二〇巻）巻六に「更に討《たず》ぬ甚麼《いんも》が生死去来、地水火風、声香味触、都盡《すべて》これ箇の真実人体」とある。生死去来する凡夫の身がそのまま仏陀の法身の意。道元はこの語をしばしば用いている。

6日 獅《し》子《し》吼《く》の功《く》徳《どく》あらん

しかあれば、真実体をあきらめ、獅子吼《ししく》の功徳《くどく》あらん、まことに一大事なるべし、たやすかるべからず。

『正法眼蔵』「諸悪莫作」

【訳】そのような次第であるから、自分の真実の体《すがた》を明らかにし、釈尊《しゃくそん》が法を転ぜられた（獅子吼《ししく》）功徳《くどく》を、実現し実行することは、まことに一大事というべきである。が、これは決して容易《たやす》いことではない。

7日 いま人間には

いま人間には、海のこころ、江のこころを、ふかく水と知見せりといえども、龍魚《りゅうぎょ》等は、いかなるものをもて、水と知見し、水と使用すといまだしらず。

『正法眼蔵』「山水経」

【訳】いま、我々人間は、海の心、江のこころは、水と深くかかわっていることを、世間的な思慮分別（知見）でも判断するが、龍魚《りゅうぎょ》などは、どのようなものを水と知り、どのように使用しているのかはいまだ知らない。

8日 山を愛する人に属するなり

おおよそ山は国界に属せりといえども、山を愛する人に属するなり。

『正法眼蔵』「山水経」

【訳】山というものは、それぞれの国に属しているけれども、本来は山を愛する人に属するというのが真実である。

9日 国に賢一人出来らざれば

文選《もんぜん》に曰く「国は一人の為に興《おこ》り、先賢は後愚の為に廃《すた》る」と。文、言う心は、国に賢一人出来らざれば、賢の跡廃るとなり。是れを思うべし。

『正法眼蔵随聞記』巻二

【訳】文選《もんぜん》に「一国は一人の人間によって興《おこ》り、先賢の成したことは後愚のために廃《すた》る」とある。国に一人の賢者が現れなければ、先賢の興した跡は荒廃するというのである。この意味をじっくりと考えよ。

【注】文選…梁の昭明太子粛統の撰、六十巻。周から梁に至る詩賦・文章を類別して編集。わが国でも奈良時代以来盛行し、道元もこの書に親しんだ。

10日　六味《ろくみ》精《くわ》しからず、三徳《さんとく》給《そなわ》らざるは

『禅苑清規《ぜんねんしんぎ》』に曰《いわ》く「六味《ろくみ》精《くわ》しからず、三《さん》徳《とく》給《そなわ》らざるは、典座《てんぞ》の衆《しゅ》に奉《ぶ》する所以《ゆえん》に非《あら》ず」と。先《ま》ず米を看ては、便《すなわ》ち砂を看《み》、先ず砂を看ては、便ち米を看る。審細《しんさい》に看来り看去りて、放心すべからず。自然に三徳《さんとく》円満《えんまん》し、六味《ろくみ》倶備《ぐび》せん。

『典座教訓』

【訳】『禅苑清規《ぜんねんしんぎ》』に、六味《ろくみ》（苦い、酢っぱい、甘い、辛い、塩からい、淡い）さらに料理の三徳《さんとく》（軽く軟らかくまろやかで、きれいでさっぱりしていて、法にかなった調理）が備わっていないのでは、典座《てんぞ》が修行僧たちに食事をととのえたことにならない」とある。まず米をとぐ時には、砂が混ざっていないかどうかよく見、砂に米が混ざっていないかを見る。このように念を入れてよくよく注意し、気を緩めてはならない。そのようにすれば、自ずと三徳は円満となり、六味もととのい備わってくる。

【注】『禅苑清規』…「清規」とは、禅門の修行・生活規範・儀礼について制定した全てにわたる規則のこと。本書は、百丈懐海（七四九－八一四）の編集とされる『百丈清規』の後をうけて長蘆宗賾撰、十巻。崇寧二年（一一〇三）に成立刊行したもので、現存最古の清規。

11日 如《も》し斎米《さいべい》を浸《ひた》すには

如《も》し斎米《さいべい》を浸《ひた》すには、典座《てんぞ》、水架《すいか》の辺を離るることなく、明眼《みょうげん》もて親しく見て、一粒をも費さざれ。法の如く洮汰《とうた》し、鍋に納《い》れて火を焼き飯を蒸《む》す。古に曰《いわ》く「飯を蒸すには、鍋頭《かとう》もて自頭と為《な》し、米を淘《よな》ぐには、水は是《こ》れ身命《しんめい》なりと知る」と。

『典座教訓』

【訳】昼食の米を水に浸《ひた》す時には、典座《てんぞ》は、流し場の付近を離れないで、注意深い眼でよくよく点検し、米の一粒といえども無駄にしてはならない。法の理にかなった方法で米をとぎ、鍋に入れ、火を燃やして飯を蒸すのである。古人も「飯を蒸す時には、鍋を自分そのものだと思い、米をとぐ時には、水を自分自身の命そのものとみよ」と言っている。

12日 人多く衆聚《しゅ》まるをもって国となさず

院小さく衆寡《しゅすくな》きを小叢林《しょうそうりん》と為《な》すべからず。縦《たと》え衆多くとも道人《どうにん》無くんば、実《まこと》に是《こ》れ小叢林なり。縦え院小さくとも、若し道人有らば、実に是れ大叢林なり。人多く衆聚まるをもって国となさず、一聖《しょう》一賢《けん》を有るをもって国と為すなり。

『永平広録』巻二 上堂128

【訳】寺院が小さいとか、叢林（禅の寺院）にいる人が少ないからといって小叢林《しょうそうりん》としてはならない。たとえ人が多くても道人がいなければ、それは小叢林である。たとえ寺院が小さくとも道人がいればそこは大叢林である。人が多く集まるをもって大国とは言えない。聖人や賢人がいるからこそ国として成り立つのである。

13日 人の悟をうる、水につきのやどるがごとし

人の悟りをうる、水につきのやどるがごとし。月ぬれず、水やぶれず、ひろくおおきなる光にてあれど、尺寸の水にやどり、全月も弥天も、くさの露にもやどり、（中略）一滴の水にもやどる。さとりの人をやぶらざる事、月の水をうがたざるがごとし。

『正法眼蔵』「現成公案」

【訳】人が悟りをうるのは、水に月が映るのと同様で、月濡《ぬ》れず、水変わらず、無限で広大な光は、少しの水、草露にも、一滴の水にさえ宿る。悟りが人を損なわないのは、月の光が水を破らないようなものである。

14日 幾《いく》ばくか悦《よろこ》ぶ山居《さんご》尤《もっと》も寂寞《じゃくばく》なるを

幾《いく》ばくか悦《よろこ》ぶ山居《さんご》尤《もっと》も寂寞《じゃくばく》なるを、斯《こ》れに因《よ》って常《つね》に法華経《ほけきょう》を読む、専精樹下《せんそうじゅげ》何ぞ憎愛《ぞうあい》せん、妬《ねた》ましきかな秋深き夜の雨の声。

『永平広録』「偈頌９９」

【訳】ここ永平寺の山居《さんご》の静寂を、どれほど喜んでいることか、その真の静かさの中で常に『法華経《ほけきょう》』を読誦《どくじゅ》し、樹下石上《じゅげせきじょう》に専一に坐禅している身には、俗世間の憎愛《ぞうあい》の念など無縁のもの、それにしても、妬《ねた》ましきまでに、我が心の感興《かんきょう》を呼び覚ますものよ、秋も深まった夜の雨音は……。

15日　憐《あわ》れむべく、悲しむべし

憐《あわ》れむべく、悲しむべし、無道心《むどうしん》の人、未だ曾《かつ》て有道徳《うどうとく》の輩《やから》に遇見《ぐうけん》せざることを。宝山《ほうざん》に入れりと雖《いえど》も、空手にして帰り、宝海に到《いた》れりと雖も、空身《くうしん》にして還《かえ》る。

『典座教訓』

【訳】まことに哀れで悲しむべきことである。道心の無い人は、決してすぐれた師にめぐり会うことはできない。それはまるで、宝の山に入ったとしても、何も手に入れずに帰ってきたり、宝の海に潜ったとしても、何も身に得ることなく帰ってくるようなものである。

16日　須《すべか》らく未《いま》だ知識を見《まみ》えざれば

須《すべか》らく未《いま》だ知識を見《まみ》えざれば、人情に奪わるることを知るべし。

『典座教訓』

【訳】当然ではあるが、未だに仏法の真実の指導者（善知識）に出会うことができなかったならば、俗世間的な人情に心を引きずられてしまう、ということを知るべきである。

17日 倶《とも》に慢心なり

ふるく曰《いわ》く「誇りて上賢にひとしからんと、思う事なかれ。いやしうして下賤にひとしからんと思う事なかれ」と云《い》うは、倶《とも》に慢心なり。高《たこ》うしても、下らん事をわするる事なかれ。安んじてもあやうからん事を忘るる事なかれ。今日存《ぞん》ずれども、明日もと思う事なかれ。死に至りあやうき事、脚下《きゃっか》に有り。

『正法眼蔵随聞記』巻五

【訳】昔の言葉に「思いあがって昔の賢人に肩を並べよう、などと思ってはならない。また自ら卑屈になって、心意気のいやしい人々に等しかろうとも思ってもならぬ」と言っているが、いずれもともに慢心である。高い志をもっていても、謙遜の心を忘れてはならぬ。安心な状態にあってもつねに危険のあることを忘れてはならぬ。今日は生きているが、明日も生きているとは限らない。死による危険は、脚下《きゃっか》（足もと）にある。

18日 人と諍論《じょうろん》を好む事なかれ

ふるく曰《いわ》く「君子の力、牛に勝れたり。しかあれども、牛とあらそわず」と。今の学人、我れ智恵を学人にすぐれて存ずとも、人と諍論《じょうろん》を好む事なかれ。

『正法眼蔵随聞記』巻五

【訳】昔の言葉に「君子の力は牛より勝れている。しかし、君子は牛と力比べなどしない」とある。今、仏道を学ぶ人も、自分が、仲間の学人に比べてすぐれた知恵を持っていても、人と論争を好んではならない。

19日 忠言は耳にさかう

書に曰《いわ》く「忠言は耳にさかう」と。我がために忠なるべき言《ことば》、耳に違《い》するなり。違すれども強《しい》て随わば、畢竟《ひっきょう》じて益あるべきなり。

『正法眼蔵随聞記』巻六

【訳】『孔子家語』に「忠言は耳に逆らう」と言っている。自分のためにされた忠告のはずの言葉は、耳に気持ちよく入ってはこない。だが、聞いて気にさわっても、無理にでもしたがうと、結局は利益がある筈《はず》である。

20日 同じ事をいくたびも聞き見るべきなり

学人《がくにん》、道心なくとも、良き人に近づき、善縁にあうて、同じ事をいくたびも聞き見るべきなり。この言一度《ことばひとたび》聞き見れば、今は見聞かずともと思う事なかれ。道心一度発《おこ》したる人も、同じ事なれども、聞くたびにみがかれて、いよいよよきなり。況《いわ》んや、無道心の人も、一度二度こそつれなくとも、度々《とど》重《かさ》なれば、霧の中を行く人の、いつぬるるとおぼえざれども、自然《じねん》に恥《はず》る心もおこり、真《まこと》の道心も起るなり。

『正法眼蔵随聞記』巻六

【訳】仏道を学ぶ人は、たとえ道心がなくても、立派な人に近づき、善縁にあって、同じことを幾度も見聞きすべきである。一度見聞きしたから、今はもう見なくても聞かなくてもいいと思ってはならない。一度、道心を起こした人も、同じことでも、聞くたびに磨きがかかって、ますますよくなる。まして無道心の人も、一度二度聞いているうちは心を惹《ひ》かれることがなくても、何度も重ねて聞いていると、霧の中を歩く人が、いつ濡れたとも気がつかないうちに着物が湿るように、自然に、自分の無道心を恥ずる心も起こり、真実の道心も起こるのである。

21日　おおかた仏道の昇進無きなり

近代の学者、自らが情見《じょうけん》を執して、己見にたがう時は、仏とは、とこそ有るべけれ、また我が存ずるようにたがえば、さは有るまじ、なんどと言って、自が情量に似たる事や有ると迷いありくほどに、おおかた仏道の昇進無きなり。

『正法眼蔵随聞記』巻二

【訳】近ごろの仏道を学ぶ人は、自分勝手な物の見解に固執して、自分の考え方と違う時は「仏とはこのようであるに違いない」とか、また、自分の思っているところと違うと、「そんなはずはない」などと言って、自分勝手におしはかったところに、似ているところがないか、似たところがあるはずだ、などと迷うから、まったく仏道の上で進歩がないのである。

22日 はのうえ、はのうら

よくかみて、はのうえ、はのうら、みがくがごとく、とぎあらうべし。たびたびとぎみがき、あらいすすぐべし。はのもとのししのうえ、よくみがきあらうべし。はのあいだ、よくかきそろえ、きよくあらうべし。嗽口たびたびすれば、すすぎきよめらる。

『正法眼蔵』「洗面」

【訳】楊枝《ようじ》をよく噛んで、それで歯のおもて歯のうらを磨き洗う。たびたび磨いて、洗い漱《すす》ぐ。歯茎の肉のところも、きれいに磨き洗う。歯と歯の間も、よく掻きそろえてきれいに漱ぐ。たびたび口を漱げば、清潔になる。

【注】この歯磨きの法は、日本において初めて紹介された文献でもある。ただし、この歯磨き法は『三千威儀経』に記された楊枝をもちいての法である。日本では古くから行われていたが、中国には「歯磨き」の習慣はなく、道元の入栄当時は、馬の毛などを使用した今日の歯ブラシのようなものがあったようだが、道元はそのような道具は、髪を梳いたり靴を磨く道具で、仏典に合わないと否定している。

23日 刮舌三返《かつぜつさんべん》というは

いわゆる刮舌三返《かつぜつさんべん》というは、水を口にふくみて、舌をこそげこそげすること三返するなり、三刮にはあらず。『正法眼蔵』「洗面」

【訳】刮舌三返《かつぜつさんべん》というのは、水を口に含み、舌の表面を、歯を磨いた跡の柳の皮面でこすること三返するということで、三回舌を削るというのではない。

【注】先の柳枝の先を噛み歯を磨く法は、日本では古くからどの家庭でも習慣となっているが、この「刮舌」の法は、道元が師翁と尊崇する栄西（一一四一―一二一五）が伝えたと道元は言う。そして、日本では習慣化されていない「洗面」の習慣が中国にはあるとして、道元は、「歯磨」「刮舌」「洗面」「沐浴」「食事」「排便」等の日常の必須の事を『三千威儀経典』に基づく清規（規則）として日本に将来し、『正法眼蔵』の「洗面」「洗浄」の巻で仏道にまで昇華しそのありようを示した。

24日 また身を惜しみて

　また身を惜しみて、百尺《ひゃくしゃく》の竿頭《かんとう》に上って手足を放って一歩進め、と言う時は、命有ってこそ仏道も学せめ、と云って、真実に知識に随道せざるなり。能々《よくよく》思量《しりょう》すべし。

『正法眼蔵随聞記』巻二

【訳】また、自分の身を惜しんで、指導者が「百尺《ひゃくしゃく》の竿のさきに上って、手を放って一歩進めよ」と言う時は、「仏道を学ぶのも命あっての物だねだ」と言って、指導者に心から随《したが》わない。よくよくこのことは考えるべきである。

25日 参見知識のはじめより

　参見知識のはじめより、さらに焼香《しょうこう》・礼《らい》拝《はい》・念仏《ねんぶつ》・修懺《しゅさん》・看経《かんきん》をもちいず、ただし打坐《ただ》して身心脱落することをえよ。

『正法眼蔵』「弁道話」

【訳】師匠について参学するその最初から、焼香《しょうこう》・礼拝《れいはい》・念仏《ねんぶつ》・修懺《しゅさん》（罪を仏祖に懺悔する）、看経《かんきん》（経典を読誦する）など、身体を使ったり、心を揺るがすような形式的な行持にとらわれず、ただ只管打坐して身心脱落すべきである。

【注】九月二一日の項参照。

26日

先聖《せんしょう》必ずしも金骨《きんこつ》にあらず

先聖《せんしょう》必ずしも金骨《きんこつ》にあらず。古人《こじん》豈皆《あにみな》上器《じょうき》ならんや。滅後を思えば幾《いく》ばくならず。在世《ざいせ》を考うるに、人皆俊なるにあらず。善人もあり、悪人もあり。比丘衆《びくしゅ》の中に不可思議の悪行するもあり、最下品《さいげぼん》の器量もあり。然《しか》れども、卑下して道心をおこさず、非器なりといって学道せざるなし。

『正法眼蔵随聞記』巻一

【訳】昔のすぐれた祖師たちも、必ずしも筋金入りの強い身体の人ばかりではなかった。また、昔の仏道を学んだ人が皆、特にすぐれた素質があったのでもない。釈尊《しゃくそん》の滅後それほどの年月が経ったわけでもない。釈尊在世の時もまた、昔の仏道を学んだ人が皆、特にすぐれた素質があったのでもない。善人もいたし悪人もいた。出家の弟子たちの中にも、思いもかけない異様な行いをする者もいたし、最も劣った器量の者もいた。それでも、卑下して道心を起こさなかったり、また、自分にはそれだけの力がないと言って仏道を学ばなかった人はいなかったのである。

27日 今生《こんじょう》もし学道修行せずは

今生《こんじょう》もし学道修行せずは、何《いず》れの生《しょう》にか器量の物となり、不病の者とならん。ただ身命をかえりみず、発心修行《ほっしんしゅぎょう》する、学道の最要なり。

『正法眼蔵随聞記』巻一

【訳】今、この世で仏道を学び修行しなければ、いつの世に生まれ変わって器量のある人となり、病気をしない人になれるというのか。ただ、ひたぶるに自分の身体のことも命のこともかえりみず、菩提心《ぼだいしん》を起こして修行をするのが、仏道を学ぶ上で最も重要なことである。

28日 早朝には喫粥《きっしゅく》し、斎時《さいじ》には飯《はん》

早朝には喫粥《きっしゅく》し、斎時《さいじ》には飯《はん》。打板《たはん》には坐禅、開被《かいひ》して眠る。

『永平広録』巻四　上堂259

【訳】早朝には喫粥《きっしゅく》し、昼には飯を食す。板が鳴れば坐禅。夜には夜具《やぐ》を開いて寝る、そこにこそ弁道功夫《べんどうくふう》がある。

29日　呵嘖《かしゃく》の言《ことば》を用いるべからず

住持長老として、衆《しゅ》を領《りょう》じたりとも、弟子の非をただし、いさめんとて、呵責《かしゃく》の言《ことば》を用いるべからず。柔和《にゅうわ》の言を以て、いさめすすむとも、随《したが》うべくは随うべきなり。いわんや納子《のっす》は、親疎兄弟《ひんでい》等のためにあらき言を以て人を憎み呵責する事は、一向に止むべきなり。能々《よくよく》用意すべきなり。

『正法眼蔵随聞記』巻四

【訳】住職や長老として、多くの僧たちを指導する立場になっても、弟子の過失を正し諫《いさ》めようとして荒々しい叱責《しっせき》の言葉を吐いてはならぬ。穏やかな言葉で諫めても、随《したが》うものは随うのである。ましてや仏弟子（衲子《のっす》）は、親しい人、親しくない人にも、同輩にも荒々しい言葉で、人を憎み叱りつけることは決してしてはならぬ。よくよく気をつけねばならぬ。

30日 仏祖道の道自道他

仏祖道の道自道他、かならず仏祖の身心あり、仏祖の眼睛《がんぜい》あり。仏祖の骨髄なるがゆえに、庸者《ようしゃ》の得皮にあらず。

『正法眼蔵』「自証三昧」

【訳】仏祖が語られた、自身について、あるいは他人についていう言葉（道自道他）には、必ず仏祖の身心がやどり、仏祖の肝要なところ（眼睛）が備わっている。それは仏祖の骨髄であるから、仏道をいい加減にする者（庸者）には、その皮相すらも得ることはできない。

31日 夜坐更闌《やざこうた》けて眠り未だ至らず

夜坐更闌《やざこうた》けて眠り未だ至らず、弥《いよいよ》知る弁道《べんどう》は山林なるべし、渓声《けいせい》耳に入り月穿《つきうが》つ眼《まなこ》を、此の外更《ほかさら》に一念の心無し。

『永平広録』巻十「偈頌１０１」

【訳】夜坐《やざ》を続け夜も更けたがまだ眠くもない、こうして坐禅をしていると、弁道《べんどう》には静寂な山林こそが相応《ふさわ》しいことをつくづくと知らされる。ただ、ただ、渓の声が耳に入り、月の光が眼《まなこ》を射るばかりで、仏法として現れている渓声《けいせい》や月光のほかにわが心を奪うものは何物もない。

11月

まのあたり先師をみる、これ人にあうなり

1日 仕事の三心《さんしん》①

凡《およ》そ諸々《もろもろ》の知事《ちじ》・頭首《ちょうしゅ》の、職に当たるに及びて、事《こと》を作《な》し務めを作《な》すの時節は、喜《き》心《しん》・老心《ろうしん》・大心《だいしん》を保持すべき者なり。

『典座教訓』

【訳】およそ、禅院の諸役である知事や頭首という役職につき、その仕事を務めることになった時には「喜心《きしん》」「老心《ろうしん》」「大心《だいしん》」という心を保ち持つべきである。

2日 仕事の三心②——喜心《きしん》

所謂《いわゆる》、喜心《きしん》とは、喜悦《きえつ》の心《こころ》なり。

『典座教訓』

【訳】いわゆる「喜心《きしん》」とは、喜び感謝する心である。

3日　仕事の三心③——老心《ろうしん》

所謂《いわゆる》、老心《ろうしん》とは、父母《ぶも》の心なり。

『典座教訓』

【訳】いわゆる「老心《ろうしん》」とは、父母の子にたいする限りない慈愛の心である。

4日　仕事の三心④——大心《だいしん》

所謂《いわゆる》、大心《だいしん》とは、其《そ》の心を大山《だいしん》にし、其の心を大海《たいかい》にして、偏《へん》無く党《とう》無き心なり。

『典座教訓』

【訳】いわゆる「大心《だいしん》」とは、その心を不動なること大山のようにし、その心を大海のように寛大に、一方に片寄ったり固執したりすることのない心である。全自己が仏法として具現化された心である。

5日 邪見のともがらには群《ぐん》すべからず

今の世に因果を知らず、業報《ごっぽう》をあきらめず、三世を知らず、善悪をわきまえざる邪見のともがらには群《ぐん》すべからず。

『正法眼蔵』「三時業」

【訳】今、この世に、因果の道理を知らず、業報《ごっぽう》（過去現在の善悪の因によって、現在未来に招く果報）のことを明らかにせず、三世を知らず、善悪を弁《わきま》えない邪見の人たちの仲間になってはならない。

6日 善悪の報に三時あり

善悪の報に三時ありというは、一者順《ひとつにはじゅん》現報受《げんほうじゅ》、二者順次生受《ふたつにはじゅんじしょうじゅ》、三者順後次受《みっつにはじゅんごじじゅ》、これを三時という。仏祖の道《どう》を修習するには、其最初よりこの三時の業報《ごっぽう》の理を効《なら》いあきらむるなり。

『正法眼蔵』「三時業」

【訳】善悪の報には、一は順現報受《じゅんげんほうじゅ》（現世の行為の報を現世で受ける）、二は順次生受《じゅんじしょうじゅ》（現世で行った行為の報を次生で受ける）、三は順後次受《じゅんごじじゅ》（現世の行為の報を次生以後に受ける）がある。これを三時という。仏祖の道を修習するには、その最初から、この三時の業報《ごっぽう》の道理を明らかに学ばねばならない。

7日 因果の道理歴然《れきねん》として私《わたくし》なし

おおよそ因果の道理歴然《れきねん》として私《わたくし》なし、造悪の者は堕《だ》し、修善《しゅぜん》の者はのぼる、毫釐《ごうり》もたがわざるなり。

『正法眼蔵』「深信因果」

【訳】およそ、因果の道理というのは歴然として明らかで、秘密ごとではなく、悪いことをすれば悪い結果になり、善いことをすれば善い結果になるのは毛筋ほどもごまかしがない。

8日 ただ今日今時ばかりと思うて

無常迅速生死事大《むじょうじんそくしょうじじだい》というなり、返す返すもこの道理を心に忘れずして、ただ今日今時ばかりと思うて時光を失わず、学道に心をいるべきなり。

『正法眼蔵』「三時業」

【訳】無常迅速《むじょうじんそく》（一切の現象は速やかに移ろいゆき、人命は瞬時も止まらない）であり、生死事大《しょうじじだい》（人間の生死の真相を究めることは極めて重大）である。返すがえすも、この道理を心にとめて忘れず、ただ今日、この時ばかりと、覚悟して時を無駄にせず、学道に専念すべきである。

【注】七月一日参照。

9日 行道は頭燃《ずねん》を救《はら》う

誠にそれ無常を観ずる時、吾我の心生せず、名利の念起らず、時光の太《はなは》だ速かなることを恐怖《くふ》す、所以に行道は頭燃《ずねん》を救《はら》う。

『学道用心集』

【訳】まことに、世の無常を観察する時には、自分自身に執着する心は起こらず、名誉とか私益を求める気持ちも起こらない。ただ日時がやたらと速く過ぎていくことに怖さを感じる。それゆえに、仏道修行は、髪に火がついたのをふり払うように一瞬の猶予《ゆうよ》も許されない。

10日 一方を証するときは一方はくらし

身心《しんじん》を挙して色《しき》を見取し、身心を挙して声《しょう》を聴取するに、したしく会取《えしゅ》すれども、かがみにかげをやどすがごとくにあらず、水と月とのごとくにあらず。一方を証するときは一方はくらし。『正法眼蔵』「現成公案」

【訳】全身心を挙げて物の現象（色）を見、全身心を挙して声を聞くき、その対象は自分にははっきりと分かるのだが、それは鏡に映るようにいかず、水が月に映るようにはいかない。一方が明らかに実証される時には他方は見えないものである。

11日　すみやかに本分人《ほんぶんにん》なり

人はじめて法をもとむるとき、はるかに法の辺際《へんざい》を離却《りきゃく》せる。法すでにおのれに正《しょう》伝《でん》するとき、すみやかに本分人《ほんぶんにん》なり。

『正法眼蔵』「現成公案」

【訳】人が、初めて仏道を求めて仏になろうとする時には、それでは真の仏法のありかからは遠く離れてしまっている。ところが、真の仏法が自分自身に正伝《しょうでん》した時には、速やかに自己に目覚めた本来の人となる。

12日　人もし仏道を修証《しゅしょう》するに

人もし仏道を修証《しゅしょう》するに、得一法通一法《とくいっぽうつういっぽう》なり、遇一行修一行《ぐういちぎょうしゅいちぎょう》なり。

『正法現蔵』「現成公案」

【訳】人が、もし仏道を修行し悟りを実証する時には、一つのこと（一法）に通ずればその一法が分かるように、一つの行にあえば、その一行を修めていくのである。

13日 万法のわれにあらぬ道理あきらけし

人、舟にのりてゆくに、目をめぐらして岸を見れば、きしのうつるとあやまる、めをしたしく舟につくれば、舟のすすむをしるごとく、身心を乱想して万法を弁肯《べんこう》するには、自心《じしん》自性《じしょう》は常住《じょうじゅう》なるかとあやまる。もし行李《あんり》をしたしくして　箇裏《こり》に帰《き》すれば、万法のわれにあらぬ道理あきらけし。

『正法眼蔵』「現成公案」

【訳】人が舟に乗って進むとき、岸にのみに目をむけると、岸が動いているように見誤る。目を舟にむければ、舟が進んでいることが分かるように、自分の身心がここにあると乱想して、全てのことども（万法）を考えて（弁肯）みると、自分の心、自分の本性は常住不変ではないかと思い誤る。もし、自分の日常の行道（行李）を仏道に即して親しく参究していけば、万法は無我である事実が道理として明らかとなる。

14日　現成《げんじょう》、これ何必《かひつ》なり

得処《とくしょ》かならず自己の知見《ちけん》となりて、慮知《りょち》にしられんずるとならうことなかれ。証究《しょうきゅう》すみやかに現成《げんじょう》すといえども、密有《みつう》かならずしも現成にあらず。現成、これ何必《かひつ》なり。

『正法現蔵』「現成公案」

【訳】自分自身が得たところが、必ず自分の見解となって、自分に自覚されるものと思ってはならない。悟りの究極が速やかに実現しても、悟りの真実なる深奥なもの（密有）は必ずしも実現しているものではない。その実現は必ずしも必要ではないのである。

【注】何必……何ぞ必ずしも必要ならんや。

15日　多言《たげん》は繁累《はんるい》なり、少語《しょうご》は力《ちから》なし

多言《たげん》は繁累《はんるい》なり、少語《しょうご》は力《ちから》なし。これ多言ならず、これ少語ならず、且《しばら》く作麼生《そもさん》が道《いわ》ん。良久《りょうきゅう》して云《いわ》く、草《くさ》に入《い》りて風《かぜ》を伝う。

『永平広録』巻一　28

【訳】「言葉が多いのは煩わしい、かといって言葉が少ないと説得力がない。では、多言でも少語でもなくもの言うにはどうしたらよいか」、と問いかけると、しばらくして言われた。草の中に入ってみれば、ほんの少しの風にも草が感じて揺らぐように、その状況に応じて、言うべきを言い、言わざることは言わなければよい。

16日 悟道是本期《ほんご》

近日大宋国禿子《とくす》等いわく、悟道是本期《ほんご》、かくのごとくいいていたずらに待悟《たいご》す。しかあれども仏祖の光明にてらされざるがごとし。ただ真善知識に参取すべきを、懶惰《らんだ》にして蹉過《しゃか》するなり、古の出世にも度脱せざりぬべし。

『正法眼蔵』「大悟」

【訳】近日（一三世紀の初め頃）の宋国の僧形していても愚かな僧（禿子《とくす》）たちは、「仏道を悟ることが本来の目的である」などと言って、坐禅を手段とし、いたずらに悟りを待っている（待悟）が、それでは仏祖の光明に照らされることはない。真実の善知識に参学すべきなのに、それをせず、怠惰《たいだ》に過ごし時機を逸している（蹉過）からである。これでは古仏が現れても、生死の苦を脱して煩悩から解脱すること（度脱）はない。

17日 いたずらに百歳いけらんは

いたずらに百歳いけらんは、うらむべき日月なり、かなしむべき形骸《けいがい》なり。たとい百歳の日月は、声色《しょうしき》の奴婢《ぬび》と馳走《ちそう》すとも、そのなか一日の行持《ぎょうじ》を行取《ぎょうしゅ》せば、一生の百歳を行取するのみにあらず、百歳の佗生をも度取《どしゅ》すべきなり。　『正法眼蔵』「行持・上」

【訳】ただむやみに百歳まで生きるということは、悔やんでも悔やみきれない日月を重ねたのみであり、生にのみ執着した人間の悲しむべき形を留めているにすぎない。その百歳の日月は、生きるための雑用に追い回され、見聞きするものにふり回されたにすぎない。ただその中の一日でも仏道の行持を実現し実践すれば、それは百歳という長い月日を一日の行持に凝縮《ぎょうしゅく》して実践するばかりでなく、後生の百歳の生涯をも救うことができるのである。

【注】行取…行ずること。取は助詞。
度取…渡度する。救う。取は助詞。

18日 禿子《とくす》がいう無理会話《むりえわ》、なんじのみ無理会なり

禿子《とくす》がいう無理会話《むりえわ》、なんじのみ無理会なり、仏祖はしかあらず。なんじに理会《りえ》せられざればとて、仏祖の理会路を参学せざるべからず。たとえ畢竟《ひっきょう》無理会なるべくば、なんじがいまいう理会もあたるべからず。

『正法眼蔵』「山水経」

【訳】僧形をした愚か者（禿子《とくす》）たちが、言葉では表現できず、つまり分別では判断し理解できない禅話（無理会話）こそが大《だい》悟《ご》であるなど言っているのは、君たちだけが言葉で表現できず理解できないのであって、仏祖はきちんと表現し理解しているのである。君たちに表現できず理解できないからといって、仏祖の理会（理解）する大道を参学しないということはない。たとえ、かりに理解できないというならば、君たちの理解も本物ではないではないか。

【注】世の禅家の仏法は、「教外別伝《きょうげべつでん》」であり、文字言語では表現できないから「不立文字《ふりゅうもんじ》」として「無理会話」（言葉では理解できないもの）とされている。が、道元は「教外別伝　不立文字」は教家に対して禅家にいらぬ自誇を持たせたものと否定している。七月二五日の〔注〕参照。

19日　自他の見《けん》をやめて学するなり

仏法はまさに自他の見《けん》をやめて学するなり。もし自己即仏としるをもて得道とせば、釈尊《しゃくそん》むかし化道《けどう》にわずらわじ。

『正法眼蔵』「弁道話」

【訳】仏法はまさに自他という区別を捨てて参学するのである。もし自分が仏であることを知るのをもって、仏道を悟ったなどとするならば、その昔、釈尊《しゃくそん》は教化の労にわずらうことはなかったのである。

20日　生じて生を透脱《とうだつ》するなり

人根《にんこん》に多般《たはん》あり。いわく生知《しょうち》、これは生じて生を透脱《とうだつ》するなり。いわゆるは生の初中後際に体究なり。

『正法眼蔵』「大悟」

【訳】人の機根は様々で、「生知」の人がいる。これは生まれながらに生の何かを見透かしている（透脱）人であり、言ってみれば生の初めから終りまでをその身体で身につけているのである。だからといって、それが勝れているのではなく、それぞれのはたらきを現わしている一つなのである。

【注】住究…体は身につけること。
初中後際…一切時中のこと。際は時、機会。

21日 にごれる代に登用せらるるは

にごれる代に登用せらるるは、無道の人なり。にごれる世に登用せられざるは、有道の人なり。そのゆえはいかん。知人《ちにん》のとき、不知人《ふちにん》のときあるゆえなり。

『正法眼蔵』「仏経」

【訳】乱世に登用されるのは、道心のない人である。乱世に登用されないのは道心のある人である。何故《なぜ》か。それは、その時代に人を見る眼のある人がいる時といない時があるからである。

22日 一面に古鏡《こきょう》なり

しるべし、いまいう古鏡《こきょう》は、磨時《まじ》あり、未磨時《みまじ》あり、磨後あれども、一面に古鏡なり。

『正法眼蔵』「古鏡」

【訳】今、言う、つまり、僧が金華山の弘蹈禅師に、古鏡の磨かない時と磨いてからの質問に、いずれも古鏡と答えたように「古鏡《こきょう》」というのは磨く時があり、磨いた後のこともあるが、いずれも同一の、何も変わらない歴然たる古鏡であることを示している。

23日 塼《せん》もし鏡とならずば

いまの人も、いまの塼《せん》を拈じ磨してこころみるべし、さだめて鏡とならん。塼もし鏡とならずば、人ほとけになるべからず。

『正法眼蔵』「古鏡」

【訳】今の人も、今の塼《せん》をとって磨いてみれば、必ずや鏡とすることができる。塼がもし鏡とならなければ、人が仏となれる筈《はず》がない。

【注】塼…粘土で作った、かわらのこと。
前出七月七・八日参照。

24日 青山《せいざん》の常に運歩《うんぽ》するを見

潜《ひそ》かに、青山《せいざん》の常に運歩《うんぽ》するを見、自《おのずか》ら知る、白石《はくせき》の夜児《よるこ》を生《しょう》ずるを。

『永平広録』巻一　上堂23

【訳】山居《さんご》の中で、心静かに坐り、青山に眼をやれば、それが常に運歩《うんぽ》しているのであり、芙蓉道楷《ふようどうかい》（一四三—一一一八）が言った、白石が夜、子を生むというのも、おのずと分かる。

25日 琢磨《たくま》せば輝きを増す

皓玉瑕《こうぎょくきず》無し、琢磨《たくま》せば輝きを増す。今日《きょう》、一陽佳節《いちようけいせつ》、君子長至《くんしちょうし》なり。是《これ》、俗人《ぞくじん》の佳節《けいせつ》なりと雖《いえど》も、実《じつ》に乃《すなわ》ち仏祖《ぶっそ》の慶祐《けいゆう》なり。昨日《さくじつ》、一線短去《いっせんたんさ》り、陰極《いんきわ》まって遏剌剌《あらっらっ》たり。今朝《こんちょう》、一線長至《いっせんちょうし》、陽生《ようしょう》じて鬧聒聒《にょうかつかつ》。乃ち是《これ》、衲僧《のうそう》、慶祐《けいゆう》を納め、応時《おうじ》の仏祖《ぶっそ》賀《が》して舞踏《ぶとう》す。

寛元三年（一二四五）一一月二五日冬至上堂
『永平広録』巻二　上堂135

【訳】瑕《きず》のない皓玉《こうぎょく》は、磨けば磨くほどその輝きを増す。

今日は陽気の生じるめでたい時節である。俗世間では、君子の正しい為政の道が次第に発展し長久《ちょうきゅう》である、めでたいことにもたとえられる。冬至というのは、俗世間の慶《けい》節《せつ》ではあるが、実はそのまま仏祖の慶事《けいじ》でもある。昨日はひとすじの線ほどの日の短さが極限となり、陰の気が行き着くところまでいき、厳しい寒さの風の声もやんだ（遏剌剌《あらつらつ》）。今朝はひとすじの線ほどの日の長さがもどり、陽の気が生じて万物が息を吹き返しざわめく（鬧聒聒《にょうかつかつ》）。こうしたこと、大自然のいとなみを、禅僧としても慶事として、この時に応じて、仏祖も祝福して、舞を舞う。

26日　無情を観ずるの心

菩提心《ぼだいしん》とは、前来云う所の無情を観ずるの心、便ち是れその一なり。『学道用心集』

【訳】菩提心《ぼだいしん》（さとりを求める心）というのは、先に説かれた無情を感得する心もその一つである。

【注】無情…普通、無常観というと、ともすると虚無的でうつろでやるせない寂寥感、あるいは孤独感として悲観的な人生観を構築する。が、道元の無常観は後に「我れ始めてまさに無常によりて聊《いささ》か道心を発し」（『正法眼蔵随聞記』巻四』）、と言うように、道元の出家の動機となるが、後には、「志のいたらざることは無常を思わざるなり」（『随聞記』巻六）（一月二六日参照）と語っているように、世間的無常観を、あえて仏道参学への強固な意志へと展開している。この強烈な無常観こそが道元の出家の動機の強烈な背景であり、それは後の凄ましいまでの求道の精神、そして宗教的解脱《げだつ》の憧憬《どうけい》の基本的背景を構築し、それは生涯にわたって持ち続けるのである。

27日 有時に経歴《きょうりゃく》の功徳《くどく》あり

有時に経歴《きょうりゃく》の功徳《くどく》あり。いわゆる今日より明日へ経歴す、今日より昨日に経歴す、昨日より今日へ経歴す、今日より今日へ経歴す、明日より明日へ経歴す。経歴はそれ時の功徳なるがゆえに。

『正法眼蔵』「有時」

【訳】有時には経てめぐる（経歴《きょうりゃく》）という作用、経過し、変化し、転移するという働きがある。今日から明日へ、今日から昨日へ、昨日から今日へと、さらに今日から今日へ、明日から明日へと経歴する。それは修行の働きとも合一な働きである。経歴が自由自在であるのは時の功徳である。

28日 経歴《きょうりゃく》は、たとえば春のごとし

経歴《きょうりゃく》というは、風雨の東西するがごとく学しきたるべからず。尽界《じんかい》は不動転なるにあらず、不進退なるにあらず、経歴なり。経歴は、たとえば春のごとし。春に許多般《きょたはん》の様子あり、これを経歴という。

『正法眼蔵』「有時」

【訳】経歴を、雨や風が東から西へと通り過ぎるようなものだと学んではならない。この世界は動かぬものでもなく、進歩も退歩も転移もする。これが経歴というもので、春には花が咲き、多様な姿を見せるが、それを経歴というのである。

29日 これ人にあうなり

まのあたり先師《せんし》をみる、これ人にあうなり。先師は十九歳より離郷尋師、弁道功夫《べんどうくふう》すること、六十五歳にいたりて、なお不退不転なり。

『正法眼蔵』「行持・下」

【訳】目の前に先師がおられた。私はまさに捜し求めた本当の真実の人に、正師にお目にかかれたのである。先師は、一九歳の時から故郷を離れて尋師訪道、参禅弁道功夫すること六五年、その求道の精神は、今なお衰《おとろ》えを知らないお方であった。

【注】先師…道元の本師となった天童如浄《にょじょう》（一一六三―一二二八）のこと。その相見は宝慶元年（一二二五）五月一日のことである。

焼香礼拝して方丈に入ると、天童山住職長翁如浄その人が曲椽《きょくろく》に端正《たんせい》に掛けていた。道元は一目見て如浄に正伝《しょうでん》の仏法を受け継ぐべき正師のありようを見出した。如浄もまた「仏仏祖祖、面授の法門、現《げん》成《じょう》せり」と穏やかにいい「希代、不思議の奇縁」と一言を添えた。道元は、ようやく正師と邂逅《かいこう》した。この時、如浄六三歳。道元二六歳。三百年来不世出の古仏と称された類い希な禅匠と、仏道を究めんとする情熱の燃えたぎった若き求道者道元との歴史的相見であった。

30日　我山《われやま》を愛する時山主《ぬし》を愛す

我山《われやま》を愛する時山主《ぬし》を愛す、石頭大小道《せきとうだいしょうどう》何《なん》ぞ休《きゅう》せん、白雲黄葉《はくうんこうよう》時節《じせつ》を待つ、既《すで》に抛《ほう》捨《しゃ》し来《きた》る俗《ぞく》の九流《きゅうりゅう》。

『永平広録』巻十「偈頌102」

【訳】私が山を愛する時、山もまたその主の真実の心に感応し愛してくれる、その山では、石でさえ大小それぞれに仏法を説いて休《や》まない。また、白雲《はくうん》も紅葉もそれぞれに時節を待って、自然の巧《たく》まざる変化の中に仏法を説いている。それゆえにこそ、私は、俗世間でいう九流《きゅうりゅう》の学問などはとっくの昔に捨て去り、仏法そのものに浸り切っている。

【注】俗九流…俗世間の儒家・道家・陰陽家・法家・名家・墨家・縦横家・雑農家の九家者流の学派。

31日 到時未了なりといえども不到時来なり

意句ともに有時なり、到不到ともに有時なり。到時未了なりといえども不到時来なり。

『正法眼蔵』「有時」

【訳】意句は、ともに「ある時」である。到る到らないもともに「ある時」である。到る時がまだ来ないうちに、また到らない時がくるのも「ある時」である。つまり意（思い）が句（言葉）になるのも「ある時」であり、思いがまだ言葉にならないといっても、その言葉にならない時さえもが「ある時」である。

12月

古人、多くは曰く、光陰空く度ること莫れ

1日　百練《ひゃくれん》せずんば、争《いかで》か光輝《こうき》を見《あら》わさん

精金《せいきん》、百練《ひゃくれん》せずんば、争《いかで》か光輝《こうき》を見《あら》わさん。至宝《しほう》、酬価《ほうか》せずんば争でか真仮《しんか》を弁《わか》たん。

『永平広録』巻三　上堂218

【訳】精錬《せいれん》された黄金も、百練《ひゃくれん》して初めて輝きが出る。また、どのような宝物であっても、その価値を見極める人がいなければその真贋《しんがん》は見極められない。

2日　鈍置《どんち》す千鈞《せんきん》の弩《いしゆみ》

射虎《しゃこ》、人に遭《あ》わずば、鈍置《どんち》す千鈞《せんきん》の弩《いしゆみ》。

『永平広録』巻一　上堂151

【訳】虎を射るための、どんなに強力な弓があっても、それを使える人がいなければ、その弓は何の役にも立たない。

3日 参学は識るべし

参学は識るべし、仏道は思量と分別と卜《うら》度《ない》と観想と慧解《えげ》との外に在ることを。

『学道用心集』

【訳】仏道を参学するものはよく弁えねばならない。仏道は、自分の考えと世間の分別智と卜度《うらない》と自分の想念と単なる智悲の理解ではつかめないものである。

4日 悪事をば心に制して

初心の行者《ぎょうじゃ》は、先《ま》ず世情なりとも、人情なりとも、悪事をば心に制して、善事をば身に行ずるが、即《すなわ》ち、身心をすつるにて有るなり。

『正法眼蔵随聞記』巻三

【訳】仏道に初心の修行者は、まず世間に執着し、人の情に愛着を持っても、悪事はしないと心に誓い、善《よ》いことは身をもって行えば、それこそが身も心も捨てることになる。

5日 袈裟《けさ》をしらず

いまの愚人、おおく舎利《しゃり》はおもくすといえども、袈裟《けさ》をしらず、護持すべきとしれるもまれなり。これすなわち、先来より袈裟のおもきことをきけるものまれなり。仏《ぶっ》法正伝《ぼうしょうでん》いまだきかざるゆえにしかあるなり。

『正法眼蔵』「伝衣」

【訳】いまの人たちは、多くが舎利《しゃり》は重要視するが、袈裟《けさ》のことを知らず、袈裟を護持すべきであることを知る人は稀である。それは、これまでに袈裟が重要であることを聞くものが稀であり、仏祖正伝《ぶっそしょうでん》の仏法を未だに聞いていないからである。

6日 まことには道心なき人あり

よの人は道心ありといえども、まことには道心なき人あり。まことに道心ありて、人にしられざる人あり。かくのごとくあり、なし、しりがたし。おおかたおろかにあしき人のことばを信ぜす、きかざるなり。

『正法眼蔵』「道心」

【訳】世間では、道心があると言う人でも、本当は道心の無い人がいる。本当に道心があっても、人々に知られない人もいる。そのように、道心の有る無しは判《わか》りづらい。そだが、大体のところを言えば、愚かな悪い人の言葉は信ぜず聞かぬが良い。

7日 授記の現成《げんじょう》する公案あるなり

自己の真箇に自己なるを会取《えしゅ》し、聞取し、道取すれば、さだめて授記の現成《げんじょう》する公案あるなり。

『正法眼蔵』「授記」

【訳】自分自身が真実の自分を理解し体得し、それを言葉で表現できれば、必ず授記《じゅき》が実現するというのが仏法の定めである。

【注】授記…通常は「修行の功が満ちて成仏のことが定まった時」、仏より初めて与えられる記別（予言）とされる。が、道元は、単なる成仏の予言、成仏の保証ではなく、「いまだ菩提心を起こさないもの」にも与えられるとし、仏道の全体を示唆する大道とする。三月一八日の項参照。

【注】会取…事理を了解すること。理解すること。取は助詞。

聞取…聞きとる。取は助詞。

道取…道はいうこと。取は助詞。

現成…現前成就の意味。少しも隠すことなく、ありのままに現れていること。

公案…政府の法令や法則をいうが、転じて眼前に現れているものがそのままの相（すがた）で絶対的な真実であることをいう。

8日 雪裏《せつり》の梅花《ばいか》只《ただ》一枝《いっし》

明星《みょうじょう》正に現れ、仏成道《ぶつじょうどう》、雪裏《せつり》の梅花《ばいか》只《ただ》一枝《いっし》、大地有情同草木《うじょうどうそうもく》、未曾有《みぞう》の楽しみ斯《こ》の時に得たり。

臘八上堂建長元年（一二四九）一二月八日

『永平広録』巻五　360

【訳】明けの明星《みょうじょう》がまさに現れた、その時、釈尊《しゃくそん》は「さとり」を開かれ仏陀となられた。それは雪の中の梅華がただ一枝咲いたようなもの。だが、その一枝が咲いたがために、大地の一切の生物（有情）にも、そして草や木という無生物（非情）にも仏性《ぶしょう》が宿り、いまだかつて経験したこともない「さとり」という快楽をこの時に得た。

【注】釈尊《しゃくそん》の成道《じょうどう》された月日については、南方仏教では、降誕《こうたん》・成道《じょうどう》・入滅《にゅうめつ》のすべてを大体五月の初旬とするようである。中国・日本においても、諸説があって一致を見ない。が、禅家では、一二月八日を釈尊の成道日とし、この日に成道会を行うことが宋代頃から定着し、この風習が、現今の日本仏教の各宗派に採用されている。日本におけるそうした礎を創られたのは道元である。道元はその経緯を「日本国先代、曽って仏生会・仏涅槃会を伝う。然而《しかれ》ども、未だ曽って仏成道会を伝え行わず。永平、初めて伝えて已に二〇年。自今已後、尽未来際《じんみらいさい》、伝えて行うべし」（『永平広録』巻五―406）と述べている。

9日　過去かならずしも已滅にあらず

過去かならずしも已滅にあらず、未来かならずしも未至にあらず、現在かならずしも無住にあらず。無住・未至・已滅等を過未現と学すというとも、未至のすなわち過現来なる道理、かならず道取すべし。

『正法眼蔵』「授記」

【訳】過去は、必ずしもすでに滅したのではない。未来は、必ずしもまだ来ていないのではない。現在は、必ずしも止まらないのではない。「止まらない」「まだ来ていない」「すでに滅したもの」などを過去・未来・現在と学んできたが、「未だ来ない」ということが、すなわち、過去・現在・未来である道理を、必ず言葉で表現（道取）しなければならない。

10日　拳頭《けんとう》を挙起《こき》してしる

すべからく仏向上人ありとしるべし。いわゆる弄精魂《ろうしょうこん》の活計《かっけい》なり。しかありといえども古仏を挙してしり、拳頭《けんとう》を挙起《こき》してしる。

『正法眼蔵』「仏向上事」

【訳】当然のことながら「仏に至りついてもなお踏みこんで仏を超越した人（仏向上人）がいるということを知らねばならない」と、洞山がそういったのは精魂を尽くした（弄精魂《ろうしょうこん》）活《い》き活きとしたはからい（活計《かっけい》）である。しかしそれを知るには、古仏に身体ごとぶつかり、自分の拳を振りかざし全力を尽くして気づくしかない。

【注】洞山…洞山良价（八〇七―八六九）は、「仏向上の事を体得して、方に些子の語話の分あり」（仏境涯を超えたところを体得して初めて仏法を口にすることができる）と説き、さらに「須く仏向上人のあることを知るべし」（仏の境涯に至ってもなお、それを踏みこみ、どこまでも仏にまみえる人がいることを知らねばならない）とも説いた。三月二四日の項参照。

11日 一《いっ》器《き》水《すい》瀉《しゃ》一《いっ》器《き》

一器《いっき》水瀉《すいしゃ》一器《いっき》なることをえたり。

『正法眼蔵』「行持・上」

【訳】一器《いっき》の水を一器にうつすように一摘も余すことなく仏法を嗣いだ。

【注】南嶽懐譲（六七七—七四四）は六祖慧能（六三八—七一三）に参じて、随侍すること一五年に及んで、その師の仏法を一毫《いちごう》も損せず、一塵も増すことなく（一器水瀉一器）嗣法した。なお、「一器水瀉一器」とは、師と資（弟子）とが全面的に証契即通し、師資が一体となって仏法を嗣いだことを示す。

12日 面授《めんじゅ》せり、心授せり、身授せり、眼授《げんじゅ》せり

迦葉尊者《かしょうそんじゃ》、したしく世尊の面授《めんじゅ》を面授せり、心授せり、身授せり、眼授《げんじゅ》せり。

『正法眼蔵』「面授」

【訳】迦葉尊者《かしょうそんじゃ》は、親しく釈尊《しゃくそん》から面授《めんじゅ》を受けた。これは心をもって授かったのであり、身をもって授かったのであり、眼をもって授かったのである。

【注】面授…師と弟子が相対して証契即通すること。道元は宝慶元年（一二二五）五月一日、天童山において如浄古仏から「仏々祖々面授の法門現成せり」といわれた。一一月二九日の〔注〕参照。

13日 自《おのれ》の非《ひ》を以《もっ》て他《かれ》の非と為《な》すこと

自《おのれ》の非《ひ》を以《もっ》て他《かれ》の非と為《な》すこと、豈《あ》に誤らざらんや。

『典座教訓』

【訳】自分がよくないと思う尺度で、他人もよくないとしてしまうことが、どうして誤らないということがあろうか。

14日 昨《さく》の非《ひ》と今の是《ぜ》と

昨《さく》の非《ひ》と今の是《ぜ》と、聖《しょう》と凡《ぼん》と、誰《たれ》か知らん。

『典座教訓』

【訳】昨日はよくなかったことが、今日はよいということもある。それと同じように、聖人とか凡人とかということは、誰が分かろうか。

15日 うおにあらざればうおのこころをしらず

むかしよりいえることあり、いわゆる、うおにあらざればうおのこころをしらず、とりにあらざれば、鳥のあとをたずねがたし。このことわりをも、よくしる人まれなり。

『正法眼蔵』「唯仏与仏」

【訳】昔から「魚でなければ魚の心は分からず、鳥でなければ鳥の飛ぶ跡をたずねることはできない」という。が、この道理をよく知っている人は稀である。

16日 縦《たと》え良薬を与うと雖《いえど》も

縦《たと》え良薬を与うと雖《いえど》も、銷《しょう》する方を教えざれば病を作ること、毒を服するよりも甚《はなは》だし。

『学道用心集』

【訳】たとえ良薬を与えたとしても、その良薬のもつ薬性を除去する方法を教えなければ、かえってその病が重くなることは、毒を飲むことよりさらに酷いこと（迷中の迷に誘い込むこと）になる。

17日 所謂《いわゆる》、醍醐味《だいごみ》を調《ととの》うるも

所謂《いわゆる》、醍醐味《だいごみ》を調《ととの》うるも、未だ必ずしも上《じょう》と為さず。菁菜羹《ふさいこう》を調うるも、未だ必ずしも下《げ》と為さず。菁菜を捧げ、菁菜を択《えら》ぶの時も、真心・誠心・浄潔心《じょうけつ》もて、醍醐味《だいごみ》に準《じゅん》ずべし。

『典座教訓』

【訳】 いわゆる最高の料理「醍醐味《だいごみ》」を調理しても必ずしも上等だとはせず、野菜汁を料理する時も、必ずしも粗末なものとはしない。野菜を手にしてそれを択《えら》び分ける時も、真心・誠実心・清浄潔心《けっしん》で、醍醐味を調理する時と同じようにしなければならない。

18日 仏性《ぶっしょう》は動不動によりて在不在し

仏性《ぶっしょう》は動不動によりて在不在し、識不識によりて神不神なり、知不知に性不性《しょうぶしょう》なるべきと邪執《じゃしゅう》せるは、外道《げどう》なり。

『正法眼蔵』「仏性」

【訳】 仏性《ぶっしょう》は、動のときにはあり、不動の時はない。あるいは識・不識によって霊妙なはたらきがあったりなかったりする。また、知るか知らないかによって仏性があったりなかったりする、などとするのは邪解でもあり、それに執着するのは仏教の考え方ではない。

19日

一旦退歩返照《へんしょう》せしめば、自然《じねん》に打成一片《だじょういっぺん》ならん

若《も》し彼《か》の猿馬《えんば》をして、一旦退歩返照《へんしょう》せしめば、自然《じねん》に打成一片《だじょういっぺん》ならん。是《こ》れ乃《すなわ》ち、物に転ぜらるるも、能《よ》く其《そ》の物を転ずるの手段なり。豈《あ》に肩を斉《ひと》しくすることを得《う》る者ならんや。然而《しかれ》ども審細《しんさい》に之《これ》を弁肯《べんこう》くする時は、古先《こせん》を下視《あし》するの理《ことわり》、定めてこれ有るなり。

『典座教訓』

【訳】もし、自分の内に、森で忙《せわ》しなく飛び回る猿たちのように煩悩情念がわき出で、野を疾駆《しっく》する馬たちのように妄想分別がかけめぐるなら、もしそれらの妄迷妄動《もうめいめいどう》を一歩退かせて深く反省すれば、自ずと心の中が一つに整理（打成一片《だじょういっぺん》）される。これこそが、心が外のものに引きずり回されようとも、そこから脱して、逆にそのものを主体的に動かす手段なのである。先人の情理に肩を並べ越えることは難しいが、創意工夫をすれば、できないことはない。しかし、その道理が、必ずそうなるということは明らかなことではない。

20日 時節若至《じせつじゃくし》すれば、仏性不至《ぶっしょうふし》なり

いわゆる仏性《ぶっしょう》をしらんとおもわば、しるべし、時節《じせつ》因縁これなり。時節若至《じゃくし》というは、すでに時節いたれり、なにの疑著すべきところかあらんとなり。（中略）若至は既至といはんがごとし。時節若至すれば、仏《ぶっ》性《しょう》不至《ふし》なり。

『正法眼蔵』「仏性」

【訳】いわゆる仏性《ぶっしょう》を知ろうと思うならば、時節《じせつ》の因縁がそれであることを知るべきである。「時節もし至れば」というのは、すでに時節が至っているということであり、それは何の疑いもないのである。（中略）もし至らばというのは、すでに至っていることである。時がもし至ったならばと待っていては、仏性はついに至らないのである。

【注】仏性…通常では全ての人が仏になり得る可能性として、人間に内在する潜在的素質を説かれる。が、道元は、人に内在する可能性ばかりでなく、草木国土・日月星辰の全てが仏であるとする。したがって、道元は「一切衆生、悉く仏性有り」と普通読まれるのを「一切衆生悉有なり、仏性なり」と読み悉有は仏性であり、悉有の一つのありようを衆生と表現し、仏性に普遍性をもたせた。

21日　徒《いたずら》に　過《す》ぐす月日は　おおけれど

徒《いたずら》に　過《す》ぐす月日は　おおけれど
道をもとむる　時ぞすくなき

『傘松道詠集』「草庵雑詠」

【訳】無為無作に、煩悩の赴《おもむ》くままにうかうかと過ごす歳月は多いのだが、真剣に仏道を求める時はまことに少ない。無常迅速《むじょうじんそく》、生死事大《しょうじじだい》である。頭燃《ずねん》をはらうが如《ごと》く、一刻を惜しんで仏道に生きなければならない。

22日　自《おの》が分《ぶん》にあらざらんことを

人、その家に生《うま》れ、その道に入らば、先ずその家業を修《しゅ》すべし、知るべきなり。我が道にあらず、自《おの》が分《ぶん》にあらざらんことを知り修するは即《すなわ》ち非なり。

『正法眼蔵随聞記』巻二

【訳】人は、それぞれを専門とする家に生まれ、その家業に入るならば、まずその家業を修めるべきと心得るべきである。自分の専門の道ではなく、自分の為《な》すべき範囲以外のことを身につけようとするのは、すなわち間違いである。

23日 須《すべから》く寸陰を惜むべし

古人、多くは曰《いわ》く、光陰空《むなし》く度《わた》ること莫《なか》れ。あるいは曰く、時光徒《いたず》らに過《すご》すことなかれ、と。学道の人、須《すべから》く寸陰を惜むべし。露命《ろめい》消えやすし。時光速かに移る。暫《しばら》く存する間に、余事を管《かん》することなく、ただ須く道を学《がく》すべし。

『正法眼蔵随聞記』巻六

【訳】古人の多くは「光陰《こういん》を空《むな》しく過ごしてはならぬ」。また「時光を為《な》すこともなく過ごしてはならぬ」と言っている。仏道を学ぶ人は、ほんの少しの時間も惜しまねばならぬ。露のようにはかない命はすぐに消える。時は速やかに過ぎる。この世にある僅かな時間、外のことにはかかわらず、ただひたすらに仏道を学ぶべきである。

24日 仏法修行は、尚自身のためにせず

夫れ仏法修行は、尚自身のためにせず、況や名聞利養のためにこれを修せんや。ただ、仏法のためにこれを修すべきなり。（中略）行者《あんじゃ》、自身のために仏法を修すと念《おも》うべからず、名利のために仏法を修すべからず、果報を得んがために仏法を修すべからず、霊験を得んがために仏法を修すべからず、ただ仏法のために仏法を修す、乃ちこれ道なり。

『学道用心集』

【訳】それ、仏法の修行は、なお自分のためにするのではない。ましてや名誉や利益のために修するのではない。ただ、仏法のために修すべきなのである。（中略）修行者は自身のために修業すると思ってはならない。名誉や利益のために仏法を修してはならない。幸運を得るために仏法を修行してはならない。不可思議な力やご利益を得ようと思って仏法を修してはならない。ただ、仏法のために仏法を修するのが、すなわち仏道である。

【注】天台の五時八教や法相の三時教ならびに華厳の五教などがそれにあたり、釈尊一代の仏法を教義として判決する教相判釈をもって仏法の道理を説くもの。

25日 みな仏祖《ぶっそ》となれり

教律局量《きょくりょう》の小見を解脱して、仏祖正伝《ぶっそしょうでん》の大道をとうとみし、みな仏祖となれり。いまの人も、むかしの祖師をまなぶべし。

『正法眼蔵』「伝衣」

【訳】 教家の法や律宗の戒などという狭小な量見から脱け出して、仏祖正伝《ぶっそしょうでん》の真実の仏法を尊び重んじた人たちは、皆仏祖となった。今の人たちも、こうした昔の祖師に学ぶべきである。

【注】 教律…教家は教相家の略。仏法を種々に分類・分析し文字言句の上で、仏の道を究めようとするもの。律は戒律をのみ解し守り仏法を究めようとするもの。教・律もいずれも禅家に対するもの。

局量…狭く小さな量見のこと。局はせまいの意。凡夫のあさはかな見解。それに対して大見は仏見ともいう。

26日 かならず仏となり祖となる

堂中の衆は、乳水のごとくに和合して、たがいに道業を一興すべし。いまは、しばらく賓主なりとも、のちには、ながく仏祖なるべし。しかあればすなわち、おのおのともにあいがたきにあいて、おこないがたきをおこなう、まことのおもいをわすることなかれ。これを仏祖の身心という。かならず仏となり祖となる。

「重雲堂式」

【訳】僧堂の中では、修行僧たちは、乳と水のように和合して仏道に励まねばならぬ。今、しばらくの間は、修行僧と住職（賓主）と言っても、後には師も弟子も仏祖となる人々である。であれば、各人ともども会い難い人に出会い、行じ難いことを行じているのであるから、道を求める誠の心を忘れてはならない。これをこそ仏祖の身心という。必ず堂中の人々は仏となり祖となるのである。

【注】重雲堂《じゅううんどう》…雲堂は雲水（修行僧）が集まって修行する場で、僧堂のこと。雲水が多くなり、別に僧堂を建てたのを「重雲堂」という。その規則を定めたものを「重雲堂式」という。この示衆は、暦仁二年（一二三九）四月二五日、宇治興聖寺においてなされた。

27日 人の師たる者

人の師たる者、人をして本を捨て、未を逐わしむるの然らしむるなり。自解未だ立せざる以前、偏えに己我の心を専にして、濫りに他人をして邪境に堕つることを招かしむ。哀むべし。師たる者、未だ是の邪惑を知らず、弟子何為ぞ、是非を覚了せんや。

『学道用心集』

【訳】人の師たるべき者が、根本を教えず、些末なことばかりを追究させる教え方をするからそうなるのである。自分自身が安心の境地を見極める以前に、ただひたすらに我見を元にして、むやみに他人を邪境に導き教えるからである。悲しくも哀れなことだ。師たる者が、未だにこれが邪惑であることを知らないのに、弟子がどうして、その邪惑の是非を判断できよう。

28日 雲をたのみ、水をたのむ

すでに家をはなれ、里をはなれ、雲をたのみ、水をたのむ。身をたすけ、道をたすけんこと、この衆の恩は父母にもすぐるべし。父母はしばらく生死のなかの親なり、この衆はながく仏道の友にてあるべし。

『正法眼蔵』「重雲堂式」

【訳】堂中にいる人々は、すでに家を離れ、里を離れ、雲をたのみ、水をたのみ、雲水となった。互いに、身をたすけ、道をたすけている。このお互いの恩は、父母の恩より勝れている。父母は、生死流転の中の親である。堂中の友は、長く仏道の友である。

29日 いまだあきらめざれば

いまだあきらめざれば、ひとのためにとくべからずとおもうことなかれ、あきらめんことをまたんは、無量劫《むりょうごう》にもかなうべからず。

『正法眼蔵』「自証三昧」

【訳】自分はまだ仏法を明らかにしていないから、他人に説くべきではないと思ってはならない。法を明らかにするのを待つというのならば、それは永久に実現しない。

【注】無量劫…量ることのできない長時間のこと。劫は非常に長い時間のこと。

30日

灯《ともしび》を挑《かか》げ筆を把《と》って、志を言んと欲《ほっ》す

灯《ともしび》を挑《かか》げ筆を把《と》って、志を言んと欲《ほっ》す、遥《はる》かに西天囊《のう》祖の蹤を慕う、我仏の伝衣寒谷の始《はじめ》、独り唯《ただ》崇嶽少林の冬のみならんや。

『永平広録』巻十「偈頌112」

【訳】灯火をかかげ筆をとり、わが心のうちを偈頌《げじゅ》にしようとし、遥かに遠いインドの昔、迦葉尊者の釈尊からの伝衣の蹤跡に慕い思いをはせる。わが釈尊の伝衣の伝統は、あの寒谷から始まった。それは、雪の降り積もる嵩嶽の少林寺での神光慧可の雪中に断臂までして仏法を相続した冬ばかりでなく、ここ永平の地まで嗣続している。

【注】釈尊の仏法は、迦葉へそして達磨に伝えられ、達磨は中国に来り、少林寺において面壁九年の後に神光慧可に伝えられた。道元は「世尊、六年端坐して弁道す。（中略）嵩嶽の囊祖九年面壁し、而今、児孫世界に遍満せり」（『永平広録』巻六　上堂432）と達磨の遺業を讃え、神光慧可に対する尊嵩の念は、同上堂392で「雪中断臂」を引いて求道の精神を述べ、また現在、正法を見聞するのは慧可のお陰であると『正法眼蔵』「行事・下」で報謝している。

31日 五十四年　第一天を照らす

五十四年　第一天を照らす
箇の踍跳《ぼっちょう》を打し　大千を触破《そくは》す　咦《いい》
渾身覓むるなし　活きながら黄泉に陥つ

『三祖行業記』

【訳】五四年の生涯　正伝の仏法で天下を照らし続け　躍り上がって　大千世界の闇を突き破った　咦《あ、》　もはや何も求めるものもない　活きながらこの身このままで黄泉にむかおう。

【注】道元の遺偈《ゆいげ》である。遺偈とは、高僧碩徳が入滅に際してその境界等を後人だけのために残す辞世の言葉（偈）である。

建長五年（一二五三）八月二八日、寅の刻（午前四時頃）、道元は静かに身を起こし、上記の遺偈を書し入滅した。五四年の生涯であった。この遺偈は本師如浄の「六十六年、罪犯弥天、箇の踍跳を打して、活きながら黄泉に陥つ　咦　従来、生死も相かんせず」にならった。道元は、釈尊から本師如浄へと嫡々相承された正伝の仏法をもって世界を照らし続けた。名聞利養、世俗の権力との一切の妥協を拒絶し、純然たる人間形成を目指した道元の求道の精神は生涯一瞬たりとも乱れることはなかった。

第一天…天下。この世界の総称。箇の踍跳…箇は後の語をきわだたせ強調する語。踍は不意にの意、跳は足でけって飛ぶこと。触破…一触して妄を破り真をあらわすこと。咦…言葉では表現できない嗟嘆の語。渾身…全身。黄泉…よみじ、冥土。

道元　小伝

道元は、鎌倉幕府が成立した八年後の正治二年（一二〇〇）正月二日、内大臣久我通親《こがみちちか》を父に、前摂政関白藤原基房の娘伊子《いし》を母として京都松殿の別邸で誕生した。『元亨釈書《げんこうしゃくしょ》』が「釈道元、姓源氏、京兆の人。纓紳《えいしん》の胤（名門出身の人）」と書く由縁である。

道元の父通親に対抗していた鎌倉幕府の源頼朝は、五三歳で一年前に死去した。道元誕生の翌年、二九歳の親鸞が法然の門に入った。

三歳の時、父通親が五三歳で死し、その次男久我通具《みちとも》が育父となる。道元は『李嶠雑詠《りきょうざつえい》』、七歳で『毛詩』『左伝』を読むなど、宮廷文化の高度な教養を身につける。専修念仏が停止され、法然が土佐に、親鸞が越後に流された。この年栄西が建仁寺を建立《こんりゅう》した。

八歳の年の冬、母を喪い、強烈な無常観を懐《いだ》き『倶舎論』を読む。世間の「無常」という背後には、『平家物語』の示す日本史上最大の権勢の更替の無常、『方丈記』の示す人生のはかなさ、悲嘆絶望等々が共通の認識だが、道元は後に「志のいたらざることは無常を思わざるゆえなり」「吾我を離るるには無常を感ずる是れ第一の用心なり」と示すように、無常を直視し徹底してそれを究《きわ》め、強烈な求法《ぐほう》の信念の基底に転化している。鴨長明《かものちょうめい》が『方丈記』を書いたのは、道元一二・一三歳の時である。

一四歳で、天台座主《ざす》公円について剃髪し出家した。が、修学してまもなく「顕密二教《けんみつにきょう》とともに、本来本法性天然自性身《ほんらいほんぽっしょうてんねんじしょうしん》」と説くのに、何故、三世の諸仏がもともと悟っているのに、悟りを求めて発心修行しなければならぬのか、その修行とは何か、という、当時の日本仏教が根源的に内包する極めて基本的な問題に疑問を懐いた。「本来仏である」と「修行して仏になる」では、理論仏教の分析的思考においては、根本的に矛盾する。道元は早くもこの問題に気づき、この問題を解決することが、道元の求道の精神を惹起《じゃっき》し重大な背景としての意義を持つ。同時に、その解決こそが道元の仏法を特色づける。

一五歳、建保二年（一二一四）、外戚で当時有名な学僧であった三井寺《みいでら》（園城寺《おんじょうじ》）の座主公胤《こういん》を訪ねるが、公胤は「この問いたやすく答うべからず、宗義ありといえども恐らくは理を尽くさず、須《す》べからず建仁寺栄西《えいさい》に参ずべし」と、当時大陸（宋）で盛んであった禅宗を伝えた建仁寺の栄西（一一四一―一二一五）に会うことを勧めた。道元は、建仁寺の門を叩き、栄西との相見を果たす。この時、後に師翁と尊崇する栄西は既に七四歳、道元一五歳であった。栄西は、理論仏教で構築された道元の分別知解の葛藤に、仏道は単なる分別智の高邁《こうまい》な仏教理論のみでは把握しきれないことを、南泉普願の語を借りて「三世の諸仏有ることを知らず、狸奴白牯却って有るを知る」（三世の諸仏は、悟りだの仏性などとっくに超超している。そんなことに執《とら》わているのは、文字や言葉をもたない牛や猫に等しい凡夫《ぼんぷ》の言うことだ）と粉砕し教示し、自分の高弟であった明全《みょうぜん》を紹介した。

一八歳、建保五年（一二一七）、『大蔵経《だいぞうきょう》』を二度読破したのを機に、比叡山を下り、改めて建仁寺の明全を訪ね、明全の下で、顕密禅戒の四宗兼学の薫陶を受け、栄西直伝の臨済禅の宗風をも身につける。承久三年（一二二一）九月、明全から師資相承《ししそうじょう》の印可を受けた道元は、この明全を先師と呼び、その師栄西を師翁として終生尊崇の念を抱き続ける。

二二歳の時、後鳥羽院を中心とした承久の変が起こり、道元の俗系村上源氏の一族は全てが言い難い悲運に見舞われた。

二四歳、明全らと入宋、栄西縁の中国浙江省《せっこうしょう》の天童山景徳寺に掛錫《かしゃく》、禅宗の諸事を学び、時の住持無際了派入滅を機に、諸山の禅匠を尋師訪道するも機実《みの》らず。

親鸞が『教行信証《きょうぎょうしんじょう》』を書いたのは、道元入宋の翌年である。

二六歳、宝慶元年（一二二五）五月一日、道元は天童山第三一代住持、天童如浄《にょじょう》（一一六三～一二二八）に相見した。如浄は、中国曹洞禅の正脈を維持し、名利を超越し只管打坐の禅を標榜していた。如浄は「希代、不思議の機縁なり」と穏やかに呟き、「仏々祖々、面授の法門、現成せり」と確かな口調で述べた。時に、如浄六三歳、道元二六歳。三百年来不世出の古仏と称された類希《まれ》な禅匠と、仏道を究めんとする情熱の燃えたぎった若き求道者道元との歴史的相見である。後に、道元はこの師との邂逅を「われ、人にあうなり」と、感慨を込めて表現する。だが、五月二七日先師明全が四二歳で入滅する。以後、道元は自分自身の全てを投げ捨て、如浄に随侍し、徹底した打坐のなか、七月半ば夏安居中に「身《しん》心脱落《じんだつらく》」し、一生の大事を了畢する。が、道元は以後も如浄の「仏のいえ」に投げ入れ追随し、如浄の仏法を徹底的に参学する。

二八歳、如浄より嗣書を相承し、安貞元年（一二二七）七月中旬帰国。直ちに「入宋伝法沙門道元」の誇りと矜持《きょうじ》をもって「習禅の坐禅」ではない正伝《しょうでん》の仏法の根幹である「只管打坐《しかんたざ》」の趣旨をもって『普勧坐禅儀《ふかんざぜんぎ》』（一巻）を著し、さらに深草の安養院に移り、三二歳の時、立宗宣言ともいえる『弁道話』のなかで、積年の疑問の仏性のありようを「この法は、人々の分譲にゆたかにそなわれりといえども、いまだ修せざるにはあらわれず、証せざるにはうることとなし」と極めて鮮やかに記し、さらに自分の伝えた正伝の仏法である「只管打坐」の趣旨を一八の問いに設定し、正伝の仏法に参入するのは端坐参禅であることを主張した。

三四歳、天福元年（一二三三）深草の地に、興聖寺を建て、我が国最初の広床式僧堂を開創し、『正法眼蔵』の各巻の総序論ともいうべき「現成公案《げんじょうこうあん》」巻を著した。この頃より、孤雲懐奘《こうんえじょう》をはとじめとする達磨宗の門下が参集するようになる。

三七歳、我が国最初の上堂（禅宗の須弥檀上からの正式な説法）が嘉定二年（一二三六）一〇月一五日、興聖寺でなされた。宋より帰国して九年目のことである。が、道元の大外《げ》護《ご》者波多野義重の勧めもあり、四四歳にして越前に向かった。大仏寺（二年後に永平寺と名を改めた）を建立したのはその翌年である。大仏寺建立までの約二年間で、『正法眼蔵』各巻の三〇余巻を書きそのほぼ全てを完成させる。以後の説法は「上堂」が中心となる。

道元は、この永平寺を「不離叢林《ふりそうりん》」の場とした。本師如浄は道元帰国の際、「国に帰って化をしき、広く人天《にんでん》を利せよ。ただしその際、城邑《じょうゆう》・聚楽《じゅらく》に住することなかれ。国王大臣に近ずくことなかれ。ただ深山幽谷に居して一箇半箇（極めて少ない人の意）を接得《せっとく》し、吾が宗を断絶させせないように」と垂示《すいし》した。如浄は、この短い訓戒の中に、正伝の仏法のありようを示し、正嗣に贈る最後の言葉とした。

道元は、まさに、如浄最期の慈誨《じげ》を生涯にわたってひたすらこれを実践した。釈尊から本師如浄に単伝された「正伝の仏法」をそれを嗣続するため、「纓紳《えいしん》の胤」でありながら、国家権力に迎合せず、権勢に近づかず、自己を徹底的に律し、一日一日の行持を決して忽《ゆるが》せにしない峻厳な「山居《さんご》」のなかで、旧来の仏法の伝統的な考え方について、宋朝禅の単なる移植ではなく、改めて自分自身の立場から吟味し批判し追求し、本証妙修を根底とする、修証一等、証上の修とする只管打坐の真実をもって一箇半箇の接得にあたり、真摯に慈悲あふれる説法をした。だが、建長四年（一二五二）の夏安居中に、先師明全の二八回忌の上堂した頃から微疾《びしつ》を感じ、その年の暮れから翌年にかけて釈尊最後の垂誡である『遺教経《ゆいきょうぎょう》』に基づき『正法眼蔵』の最後となる「八大人覚《はちだいにんがく》」巻を示衆する。翌建長五年（一二五三）七月には永平寺の住持職を懐弉に譲り、同年八月、永平寺を後に上洛。「また

見んと　思ひし時の　秋だにも　今宵の月に　寝られやはする」と詠じ、その数日後の八月二八日の夜半、『法華経』「如来神力品」を経行《きんひん》しながら低声に誦し、それを前面の柱に書き、「五十四年　第一天を照らす　箇《こ》の勃跳《ぼっちょう》を打し　大千を触破《そくは》す　咦《いい》　渾身《こんしん》覓むるなし　活きながら黄泉に陥つ（本書一二月三一日の項参照）」と遺偈《ゆいげ》を書し筆を擲《なげう》ち入寂した。五四年の生涯であった。

その凛乎《りんこ》として清冽《せいれつ》な風姿が、時代を超越した偉大な宗教家たる道元の、秘めたる本性を飾る景色として、孤高の美を醸し出す。道元のその風情は、只管打坐に徹する精神から、「威儀即仏法」「作法是宗旨」へと展開する。それこそは、正伝の仏法を「仏の行住坐臥」として日常生活の実践の場へと明確に示唆したものなのである。

故に、この「威儀即仏法」「作法是宗旨」は、やがて日本の伝統的形式美へと昇華し、日本の美の原点ともなり、その精神はまた、日本人の確として矜持《きょうじ》すべき「魂の安心《あんじん》」をつくり上げてもいるのである。

あとがき

弊社では平成一八年より古今の英哲の言葉を編纂《へんさん》した「一日一言」シリーズの刊行を続けている。幸いにも第一作の『安岡正篤一日一言』は瞬く間に一〇万部を超えるベストセラーとなり、引き続き刊行した『吉田松陰一日一言』『坂村真民一日一言』も好調な売れ行きを記録した。おかげさまで、それ以降の各書も好評を博して現在に至っている。

この『道元一日一言』は「一日一言」シリーズの第二二作目にあたる。道元の「一日一言」をつくりたいという思いはシリーズの当初からあった。しかし、本シリーズの要でもある編者をどなたに依頼するかがなかなか決まらず、刊行が延び延びになっていた。

そして、このほどようやく大谷哲夫先生という、若い頃から道元研究一筋に打ち込まれてきた方と巡り合うことができた。大谷先生に『道元一日一言』の企画についてお話しさせていただくと、大いに賛同してくださり、快く編者を引き受けてくださった。このような最適任者を得て本書の刊行が実現したことは、発行人としてこの上ない喜びである。

大谷先生の「まえがき」にもあるように、道元の言葉は「彫琢《ちょうたく》された無駄のない言葉である。時には詩的ですらあって美しい」。それだけでなく、「時代をこえ宗派をこえて今なお私たちに訴える力をもって」いる。読者の皆様には、そうした無駄なく、美しく、力ある道元の言葉の数々に本書を通して出合っていただきたいと思う。

本書に収めた大谷先生による「道元 小伝」の中に、道元が師である天童如浄《てんどうにょじょう》と邂逅《かいこう》した時の感動を「われ、人にあうなり」と表現したことが書かれている。それと同様、ここに選んだ道元の言葉に触れ、「われ、道元にあうなり」との思いを抱かれる方の一人でも多からんことを願っている。

令和二年三月記す

発行人　藤尾秀昭

〈主要参考図書〉

『曹洞宗全書』（曹洞宗全書刊行会）
『原文対照　道元禅師全集』（春秋社）
『現代語訳　正法眼蔵』増谷文雄（角川書店）
『道元「宝慶記」』大谷哲夫・全訳注（講談社学術文庫）
『道元「永平広録・上堂」選』大谷哲夫・訳注（講談社学術文庫）
『道元「小参・法語・普勧坐禅儀」』大谷哲夫・全訳注（講談社学術文庫）
『道元「永平広録　真賛・自賛・偈頌」』大谷哲夫・全訳注（講談社学術文庫）
『道元「永平広録・頌古」』大谷哲夫・全訳注（講談社学術文庫）
『道元　典座教訓・赴粥飯法』中村璋八・石川力山・中村信幸・全訳注（講談社学術文庫）
『正法眼蔵随聞記』和辻哲郎・校訂（岩波文庫）
『正法眼蔵随聞記』篠原寿雄・訳（大東出版社）
『正法眼蔵随聞記』水野弥穂子・訳（ちくま学芸文庫）

道元（どうげん）

正治２（1200）年～建長５（1253）年。鎌倉前期の禅僧。京都の人。日本曹洞宗の開祖。内大臣久我通親の子。諱《いみな》は希玄。比叡山で修学し、のち入宋して天童如浄の法を嗣《つ》いだ。帰国後、建仁寺に掛錫し、京都に興聖寺を、さらに波多野義重の請により越前に永平寺を開いた。著書に『正法眼蔵《しょうぼうげんぞう》』『普勧坐禅儀』『学道用心集』。語録として『永平広録』などがある。

〈編者略歴〉

大谷哲夫（おおたに・てつお）

昭和14年東京生まれ。早稲田大学第一文学部卒業、同大学院文研東洋哲学専攻修了。駒澤大学大学院博士課程。曹洞宗宗学研究所講師を経て、駒澤大学に奉職。同大学教授、副学長、学長、総長、都留文科大学理事長、東北福祉大学学長を歴任。長泰寺住職。著書に『祖山本 永平広録 考注集成（上・下）』（一穂社）『永平の風 道元の生涯』（文芸社）『日本人のこころの言葉 道元』（創元社）など多数。

道元一日一言

令和二年四月三十日第一刷発行

編　者　大谷　哲夫

発行者　藤尾　秀昭

発行所　致知出版社

〒150-0001東京都渋谷区神宮前四の二十四の九

TEL（〇三）三七九六―二一一一

印刷　㈱ディグ　製本　難波製本

装幀　スタジオ・ファム／装画　宝慶寺提供／編集協力　柏木孝之

ISBN978-4-8009-1231-2 C0095

ホームページ　https://www.chichi.co.jp

E メール　books@chichi.co.jp